이게 바로 갓생이군

와일드북
와일드북은 한국평생교육원의 출판 브랜드입니다.

이게 바로 갓생이군

초판 1쇄 인쇄 · 2025년 4월 10일
초판 1쇄 발행 · 2025년 4월 16일

지은이 · 최영웅·유나현·김민수·박찬웅·양기웅
　　　　 김동원·최영신·함현찬·황윤상·고유동
발행인 · 유광선
발행처 · 한국평생교육원
편　집 · 유지선
디자인 · 박형빈

주　소 · (대전) 대전광역시 유성구 도안대로589번길 13 2층
　　　　　(서울) 서울시 서초구 반포대로 14길 30(센츄리 1차오피스텔 1107호)
전　화 · (대전) 042-533-9333 / (서울) 02-597-2228
팩　스 · (대전) 0505-403-3331 / (서울) 02-597-2229

등록번호 · 제2018-000010호
이메일 · klec2228@gmail.com
instagram @wildseffect

ISBN 979-11-94710-01-1 (13190)
책값은 책표지 뒤에 있습니다.

국가를 지키는 일도 삶을 살아내는 일도
진심인 군인들의 이야기

이게바로
갓생이군

최영웅 유나현 김민수 박찬웅 양기웅
김동원 최영신 함현찬 황윤상 고유동 공저

와일드북
WILDS

차 례

차 례

삶을 한껏 살아내는 태도에 관하여

군대의 존재 이유는 적과 싸워 이기기 위함이다. 소중한 이들을 지키기 위함이고, 대대로 이어져 온 우리 역사를 지탱하기 위함이다. 이를 위해 군인은 전략과 전술을 배우고 피 같은 땀을 흘리며 훈련한다. 버티고 인내하면서.

인간의 본성을 거스르는 일을 하려면 통제 이상의 무엇이 필요하다. 자발성, 스스로 하는 동기부여, 군인으로 사는 삶에 최선을 다하는 일이 바로 그것이다. 이것은 결코 완성이 없으며 꾸준히 추구해나가야 할 무엇이다. 과정이고. 영원한 현재진행형이다.

여기 열 명의 군인이 있다. 명사가 아닌 동사. 끊임없이 움직이며 나아가는 이들은, 각자의 분야를 꾸준히 갈고 닦아 새로운 길을 개척한다.

'실천하는 독서'로 책 두 권을 출간하고 군대 독서문화를 혁신하기 위해 온라인 군인 독서 모임을 운영 중인 '최영웅' 작가.

'긍정의 힘'으로 업무와 대인관계 측면에서 두루 인정받고, 각종 공모전에서 좋은 성과를 얻으며 단번에 장기복무에 선발된 '유나현' 작가.

'꾸준한 달리기'로 체력 특급을 달성하고 풀코스마라톤을 완주하며 계속 성장하고 있는 '김민수' 작가.

'루틴이 선물한 자신감'으로 도서 인플루언서 '책읽는 조종사'로 활동하며 수필 공모전에서 입상을 거듭한 '박찬웅' 작가.

'실패마저도 끌어안은 거듭된 도전'으로 끝내 국방부 창업경진대회 입상한 '양기웅' 작가.

'관점을 갖는 독서'로 군대에서 책 170권을 읽었으며, 군 생활을 하면서 출간한 책이 진중문고에 선정된 '김동원' 작가.

'기록이 만드는 삶'을 실천하여 책 두 권을 출간하고 기록관리 석사학위와 기록물관리 전문요원 자격을 획득한 '최영신' 작가.

'창의적인 아이디어'로 국방부 창업경진대회에서 입상하고 범부처 대회인 '도전! K-스타트업' 통합본선까지 진출한 '함현찬' 작가,

'불타는 열정'으로 그 어렵다는 육군 최정예전투원에 100번째로 선정된 '황윤상' 작가.

'자기 확신을 위한 꾸준한 글쓰기'로 책 두 권을 출간하고 각종 문학 공모전에서 입상을 거듭한 '고유동' 작가.

군대라서 한계가 있다는 말은 이들에게 통용되지 않는다. '국방부 시계는 가만히 있어도 간다.'란 낡아빠진 말은, 진즉에 분리수거 된다. 그렇게 이들의 삶은 '갓생'이 된다.

갓생은 목표가 아니다. 종점 없는, 삶의 마지막까지 추구해야 할 어떤 태도이다.

마치 영원히 산 정상으로 돌을 굴려 올리는 '시시포스'와 같다. 이런 태도는 군대로만 한정되지 않는다. 그리하여 이들의 삶 하나하나는 습관이 되고, 성취되며, 예술로 거듭난다.

군 생활이 시간 낭비에 불과하다는 세간의 통념. 이들의 생각은 다르다. 군 생활은 제약과 통제로 가득한 곳이지만, 오히려 틀에 갇힘으로써 생긴 결핍이 어떤 초월의 가능성을 제시하므로, 이건 더없이 소중한 기회이다. 전투를 생각해 보라. 온갖 불확실성으로 점철된 곳. 생각지도 못한 비합리가 지배하는 곳이다. 과연 누가 살아남을 수 있을까. 스스로 행동할 줄 아는 사람이다. 생각보다 실천이 앞서는 사람이다. 시행착오를 초 단위로

체화시키는 사람이다.

　이 책은 군대에서의 경험을 삶의 태도로 승화시킨 열 명의 이야기다. 각각이 가진 주특기는 다르지만, 결국 하나로 귀결된다. 그것은 행동하는 것, 끊임없이 움직여서 결국 불확실성을 비집고 들어가는 것, 그리하여 각자의 삶을 충실히 살아가는 것이다.

　저자들은 바란다. 자신의 이야기가 군 생활을 앞둔 이들이나 군 복무 중인 이들, 또한 이 사회를 짊어지고 있는 젊은이들에게 힘이 되어주기를. 여러분 또한 충분히 '갓생'을 살 수 있다고 등 두드려주기를. 그렇게, 대한민국 군대를 사랑하게 되기를 진정으로 바란다.

2025년 3월
저자 대표 **고 유 동**

PART 01 〉〉〉

김 대위, 하고 싶은 거 있어? 오늘, 지금, 당장 해

최 영 웅

독서하는 군인, 〈독하군〉
작가 : 〈히어로이펙트〉, 〈독서로 나를 디자인하라〉
국내 최대규모 온라인 군인 독서 모임 〈독하군 독서 모임〉 리더
독서지도사, 서평지도사, ESG경영전문가

최영웅 작가 소개

공허
책을 읽어도 남는 게 없어요

"삶을 변화시키고 싶으면 책을 읽으세요! 책 속에 길이 있습니다!"

누구나 한 번쯤 들어본 꼰대들의 조언. 정말 수없이 들었다. 정말 책 속에는 내가 알지 못한 무언가가 있는 것인가. 단어와 단어가 연결된, 문장과 문장이 연결된 글일 뿐인 종이들의 결합체. 그 물건이 어떻게 삶을 바꿔준다는 것인지 이해가 되지 않았다. 속는 셈 치고 읽어보았다. 십자인대 수술로 병실에 누워 읽고 또 읽었다.

두 달이 지나자 작은 변화가 찾아왔다. 생각이 많아졌다. 뇌 구석구석을 흐르는 문장들이 마음을 변화시켰다. 나는 차분해지고 고요해졌다. 허공에서 방향성 없이 날아다니는 먼지 같던 생각들이 결합하고 농축되어 사뿐히 가라앉음을 느꼈다. 책 속에서 길은 찾지 못했지만, 변화는 느꼈다.

조금만 더 읽어보기로 했다. 한 권, 두 권, 열 권. 책장의 마지막을 읽고, 책을 덮는 성취감과 쾌감은 점점 무뎌졌다. 책을 다 읽었지만, 머릿속에 남는 것이 없었다. 공허함이 찾아왔다. 이 공허함의 정체는 무엇인가? 수없이 고민했다. 그 해답은 책이 아닌 사람을 통해 찾게 되었다.

책을 열심히 읽고 다음 책을 손에 짚을 때였다. 아내가 물었다.

"여보, 이번에 읽은 그 책은 무슨 내용이었어?"
"응. 이 책은 말이야. 인문학책이야. 많은 생각을 하게 해줬어."
"어떤 생각을 하게 해줬는데?"
"음. 그게 말이지. 뭐라고 해야 할까…."

소중한 시간을 투자한 독서를 통해 내가 얻은 것은 좋은 감정뿐이었다. 아내의 질문에는 답을 할 수 없었다. 그저 얼버무리며 회피했다. 회피의 경험이 늘어가자 나에게 찾아온 공허함의 실체가 윤곽을 드러냈다. '독서 후 남는 것이 없다.'라는 아쉬움. 완독한 책을 온전히 내 것으로 만들고 싶다는 욕심. 욕심만큼 따라

주지 않는 내 기억력에 대한 불만. 복잡미묘한 감정이 섞여 공허함이 되었다.

변화가 필요했다.

'공허함을 없애기 위한 처방전은 무엇일까?', '나와 같은 고민을 한 사람들은 없을까?', '그들이 존재한다면 어떻게 해결했을까?'

질문이 이어졌다. 그리고 알게 되었다. 독서에 흥미가 생긴 이들에게 찾아오는 성장통인 것을. 사람들은 성장통에 적합한 처방전을 찾았다. 독서 모임!

독서 모임에서는 책만 읽은 후 끝나는 것이 아니라 책으로 대화를 한다. 대화 속에서 내 입으로 나온 말은 내면화되어 간다. 타인의 입을 통해 나의 내면에 스며든 책 속 문장과 생각은 사고를 확장시킨다. 공허함은 서서히 사라진다. 나 역시 독서 모임을 통해 성장통에서 잠시 해방되었다.

어느새 독서 모임도 익숙해졌다. 내적 성장은 삶을 더욱 풍요롭게 해주었지만, 알 수 없는 공허함이 고개를 들기 시작했다. 이번에는 또 무슨 일인가. 책을 깊이 읽고 글로써 남겨 내 것을 만들었음에도 왜 2차 성장통이 찾아오는가. 또다시 고민이 시작되었다. 고민을 적어보기 시작했다. 고민을 풀어나가고자 글을 쓰기 시작했다. 누구에게도 배운 적 없지만, 고통에서 벗어나기 위한 발버둥이라 생각하고 써 내려 갔다. 내 안에서 발버둥 치는 그것을 끄집어냈다. 금방이라도 터질 듯 위태롭게 커진 풍선에 입구가 열리듯 내 마음은 서서히 안정을 찾았다.

글쓰기도 익숙해졌다. 익숙함이 찾아오자 불안해졌다. 3차 공허함이 찾아오는 것은 아닐까. 성장통의 아픔이 찾아오지 않도록 방어를 해야만 했다.

'더 많은 글을 적어보자!'

더 많이 쓰기 위해 더 많이 읽었다. 한 번에 각기 다른 부류의 책을 동시에 읽었다. 생각과 생각을 섞어내어 새로운 무언가를 만들어 글로 적었다. 책 속에 나온 문장을 따라 적고, 그 글을 내 것으로 만들기 위해 비틀고 꼬아보며 적었다. 그러나 공허함이라는 무자비한 녀석은 또 한 번 내 앞에 나타났다. 다행히 세 번째 만남에서는 통증보다는 궁금증이 찾아왔다. 차분히 '공허'라는 녀석과 대화를 나누어보았다.

"이번에는 또 왜 찾아온 거니? 책을 읽고 좋은 감정도 얻고, 글도 남겼잖아."

"글을 쓴 건 인정해. 그런데 그 글은 너의 생각이니, 저자의 생각이니?"

'공허'가 물은 질문에 잠시 멈춰 생각을 해봤다. 내 글은 세상에 하나뿐인 내 것이 맞다. 글쓰기의 달인들도 말했다. 누군가의 글을 통해 내 생각을 갈아 넣은 글을 쓴다면 그 글은 나만의 글이고, 나만의 자산이라고. 수없이 듣고 익혔기에 당연하다고 생각했다. 그러나 나는 쉽게 대답하지 못했다. 내 마음속에는 알 수 없는 불편함이 있었다.

나에게 있어 불편함은 좋은 감정이다. 불편하다는 생각이 든 순간 편함으로 가려는 방법을 찾기 시작한다. 그러면서 다양한 방안을 모색하게 된다. 기존의 해결방식을 넘어선 색다른 생각. 그 색다른 생각이 온전한 나만의 생각이 될 것을 확신했다.

누구의 도움도 받지 않은, 세상 단 하나의 생각. 그것을 발견하지 못해 내 마음에는 공허함이 찾아온 것이다. 그렇다면 책을 읽고, 글을 써도 해결되지 않는 공허함은 무엇으로 해결해야 할 것인가. 또 다른 문제가 내 삶에 찾아왔다.

독서 폭식을 해보기로 했다.

성장
나만의 독서법, 대체 그게 뭘까

2024년 4월, 육군 대학에 입교했다. 군에서는 소령이 되면 반드시 거쳐야 하는 교육과정이다. 어쩌면 인생의 마지막 학교가 될지도 모른다. 나 역시 학생의 마음으로 마지막 공부를 하겠노라 마음먹었다. 3개월간 밤낮없이 공부에 매진했다. 잠을 설쳐가며 교범을 읽었다. 나만의 논리를 만들어 나갔다. 나에게 육군 대학은 또 다른 독서 모임이었다. 교범이라는 책을 읽고 자기 생각을 정리하여 발표하고, 토론하는 소령들의 독서 모임. 독서 폭식을 원했던 나에게 육군 대학은 신선한 자극제였다. 시작은 즐거웠다. 그러나 시간이 지나면서 우리의 독서 모임은 길을 잃었다.

성적으로 순위가 정해지는 교육에는 한계가 있다. 개인의 창의적 생각보다는 좋은 점수를 얻는 방법을 찾기 위한 꼼수들이 자라났다. 나는 그런 교육을 원치 않았다. 개인의 생각들을 공유하고, 존중하고, 경청하며 매시간 발전되기를 희망했다. 이상과 현실은 언제나 다른 법.

3개월이 지나자 소령들은 변해갔다. 더는 상대방의 의견을 경청하지 않았다. 자기 생각만 옳다고 주장하며 귀를 닫았다. 마음이 아팠다. 그런 모습을 보며 경쟁의 블랙홀로 들어가고 싶지 않아 발버둥 쳤다. 우울증이 찾아왔다. 벗어나야만 했다. 3개월간 멀리했던, 내가 정말로 원하는 독서의 세계로 탈출했다.

학교가 끝나고 과제를 해결했다. 최대한 빨리 내 분량을 끝내고 하교했다. 곧장 스터디 카페로 향했다. 술로 스트레스를 풀자는 동료들의 유혹을 뿌리치고 책과의 시간을 선택했다. 글을 쓰기 시작했다. 미친 듯이 책을 읽고 글을 썼다. 글을 쓰면서 나만의 생각을 만들고 싶었다.

이번이야말로 온전한 나만의 생각을 창조해 세상에 꺼내놓고 싶었다. 하루 2시간씩 꾸준히 글을 썼다. 다른 저자의 글을 보고 느낀 감상과 서평이 아닌, 온전한 내 글이자 책을 쓰기로 결심했다. 개인 저서 출간. 우울증을 극복해 준 묘약이었다.

책 쓰기를 하며 나는 달라졌다. 글을 쓰자 생각이 정리되었다. 흔들리고 방황하던 내 마음은 안정을 되찾았다. 책의 제목을 정하고, 목차를 만들었다. 목차별 꼭지 제목을 정했다. 꼭지 하나하나에 내 삶과 생각을 채워나가는 과정에서 기적이 일어났다. 글이 나를 대변하는 것이 아니라 글에 내 삶이 맞춰졌다. 글이 나를 만들었다. 글을 쓰기 위해 삶을 변화시켰다.

다양한 분야에서 성공한 이들의 이야기가 궁금했다. 군인이라는 직업뿐만 아니라 경제, 사회, 정치, 요식업, 유통업 등 수많은 분야의 전문가와 성공한 이들의 책을 찾아보았다. 그들에게서 발견한 공통점이 있었다. 3가지로 압축되었다.

'독서, 실천, 긍정.'

성공한 이들 중 독서를 하지 않는 사람은 없었다. 어떤 환경에서도 책은 늘 곁에 있었다. 어찌 보면 책을 읽기 위해 일을 한다. 책 읽을 수 있는 시간을 만들기 위해 신속한 일 처리를 하고 여유를 만든다. 그렇게 만든 시간을 통해 책을 읽고 성장한다. 성장과 깨달음은 다시 일에 적용된다. 책 속에서 얻은 지식을 자신만의 지혜로 만든다. 지혜는 사업과 비즈니스, 그리고 인간관계와 연결되며 끝없는 성장을 만들어낸다.

책 속에서 얻은 것을 실천으로 옮기는 것이 성공한 이들의 습관이다. 해당 분야에 한정되지 않고, 때로는 상반된 분야의 책도 읽는다. 그 사이에서 얻어지는 생각의 충돌과 파편들을 모아 실천하며 새로운 것을 창조해냈다. 그렇기에 끝없이 앞으로 나아갈 수 있다. 아주 간단한 원리다. 그러나 결코 쉽지 않다. 실천에는 엄청난 용기와 결단이 요구된다. 성공한 이들은 그 경험이 쌓이면서 자신감을 얻고 강한 용기를 얻는다. 책 속 지식을 삶에 적용하는 것. 여기에는 한 가지 함께 해야 할 것이 있다. 바로 '긍정'이다.

성공한 이들은 언제나 긍정적이다. 자신이 이루고자 하는 것을 수십, 수백 번 말하고 외친다. 마치 이미 이룬 것처럼 말한다. 그러면 어느샌가 자신의 비전과 꿈은 곁에 와있다. 그것이 '끌어당김의 법칙'이며 '긍정 확언'의 힘이다. 원하는 것과 꿈을 적고, 말하고, 가시화하는 것은 긍정적 사고를 만들어내는 힘이다. 성공한 이들은 누군가 말도 안 된다 생각하고, 안 될 것이라 여기는 것들을 해낸다. 바로 긍정의 힘이 더해졌기 때문이다. 그들의 책을 유심히 보라. 서로 말을 맞춘 것처럼 하나같이 '긍정의 힘'을 강조하고 있다.

성공한 사람들의 이야기는 글쓰기의 한계를 극복하도록 도와주었다. 꼭지 제목의 글들을 채우기 위해 나는 제목과 연관된 책을 읽었다. 성공한 이들처럼 독서를 하고, 독서를 통해 얻은 지식을 삶에 적용하고 실천하면서 긍정의 힘이 더해졌다. 그리고 그 경험은 글이 되었다. 그렇게 하나씩 내용을 채워나갈 수 있었다. 책을 쓰면서 나만의 독서법도 만들어졌다. 어느새 개인 저서 초고가 완성되었다. 우울증을 극복하고, 책을 완성하는데 걸린 시간은 고작 3개월이었다.

발견
6년 만의 만남, 그리고 찾은 진짜 독서법

성공한 이들의 3가지 공통점. 독서와 실천, 그리고 긍정. 이것을 알고 난 뒤 적극적으로 실행해나갔다. 그러던 중 작은 문제가 생겼다. 독서는 행복한 시간이었지만, 삶 속에서 나만의 시간을 확보하기 어려웠다. 주변 사람들에게 '책 읽을 시간 없다.'라는 것은 핑계라고 말해왔다. 그러나 소령이 되어보니 해결해야 할 업무량이 엄청났다. 세 아들을 둔 아빠의 삶 역시 만만치 않았다. 책 읽을 시간을 확보하기 힘들었다.

아무리 빨리 업무를 끝내도 집에서는 사랑스러운 아내와 세 아이가 나를 반긴다. 그들과의 시간이 너무나 소중했다. 그러나 독서를 위한 시간은 부족했다. 가족들이 잠든 후 책을 펼쳤고, 출근 전 잠시 시간을 내어 독서를 했다. 독서를 하기 위한 환경

설정을 위해서 온라인 독서 모임에 '새벽 독서'라는 콘텐츠를 만들었다. 300일이 넘는 기간 동안 주말을 제외하고는 단 하루도 빠지지 않고 새벽 5시에 기상해서 책을 읽었다. 3달 정도 되니 적응이 되어 새벽 기상이 어렵지 않았다. 다만 수면이 부족해지자 몸에서 이상 신호를 알려왔다.

이상 신호는 첫 개인 저서 〈히어로 이펙트〉 출간과 함께 찾아왔다. 출판사의 적극적인 지원으로 광화문 교보문고에서 현역 군인 최초로 출간기념 강연회를 열었다. 꿈만 같은 일이었다. 수개월 동안 원고를 다듬고 출간을 위한 만반의 준비를 했다. 강연회는 성공적이었다. 이제부터 힘을 내어 책을 홍보하고 알려야 하는 데 힘이 나질 않았다.

책 출간 당시에 나는 사령부급 부대의 참모로 있었다. 업무량이 엄청났다. 그런 상황에서 새벽 독서를 하기 위해 매일 04:30분에 기상했다. 독서 모임이 끝나면 인천에서 서울로 출근하기 위해 1시간 운전을 했다. 체력이 부족할 수밖에. 몸을 망가뜨리면서까지 책을 읽을 수는 없었다. 새벽 독서를 잠정 중단했다. 독서를 위한 환경설정이 사라지니 자연스럽게 독서와 멀어졌다. 반대로 체력은 회복되었다. 그제야 나 자신을 돌아보게 되었다.

'책 읽을 시간은 적고, 책을 읽고는 싶다. 어떻게 효율적으로 읽을 수 있을까?'

수년간 열심히 독서를 했지만, 진정한 독서에 대한 고민은 끝이 없다. 이런 악조건 속에서 어떤 독서를 해야 할 것인가. 그러던 중 대학원 수업에서 해결책을 찾았다.

중대장 시절, 부대에서 독서 강연을 들었다. 강연자는 유근용 작가였다. 그의 과거는 나의 과거와 닮아있었다. 동질감을 느꼈다. 나의 과거가 어둡고 험난했듯 그 역시 어두운 삶을 살았다. 그러던 중 독서와 만났다. 몇 년간 미친 듯이 책을 읽고 작가가 되었다. 어느새 독서를 통한 삶의 변화를 알리는 강연자가 되었다. 수많은 곳에서 강연하고 있다고 말했다. 그 당시 나는 한창 독서의 매력에 빠져 있었다. 가슴이 설레었다. 나도 유근용 작가처럼 될 수 있을 것만 같았다. 강연 말미에 작가님은 자신의 연락처를 알려주었다. 번호를 저장하고 수많은 고민을 하다가 잠이 들었다. 다음 날 눈을 뜨자마자 용기 내 문자를 보냈다. 아직도 그 내용을 간직하고 있다.

(2018년 4월 24일 06:09)
'17사단 최영웅 대위입니다. 강의 너무나 감명 깊게 들었습니다. 저의 인생과 참 비슷해 놀랐고, 변화의 과정도 닮아 마음을 울렸습니다. 1년 전부터 독서를 시작해 약 100권을 읽은 상태입니다. 책도 요약해 보고 있고요. 언젠가 기회가 되면 만나 뵙고 여러 조언도 듣고 싶습니다.

제 꿈은 유 작가님의 경쟁상대가 되어보는 것입니다. 독서코치가 되는 것이었습니다.^^

어제는 제 삶에서 잊지 못할 날이었습니다. 이런 강의 듣기를 오래전부터 희망했었기 때문입니다. 좋은 하루 보내십시오.'

그 후로 만남은 이루어지지 않았다. 다만 마음속 깊이 독서를 통해 삶이 변화되고, 그 경험을 알리는 강연자가 되고 싶었다. 더 나아가 작가가 되고 싶었다. 6년 뒤, 그 꿈을 이루게 되었다. 하지만 출간 후 마냥 행복하지만은 않았다. 체력이 고갈되고 무기력해지던 그때, 대학원 수업에 유근용 작가가 온 것이다.

그는 6년간 어떤 삶을 살았을까. 내 생각과는 달리 그는 부동산 전문가가 되어있었다. 6년 전 부대에서 독서 강연을 하던 그 시절부터 경제적 관념을 갖게 되고 자신의 미래를 설계한 것이다. 그는 독서와 강연만으로는 삶의 극적인 변화가 오지 않음을 깨달았다. 결혼 후 제대로 된 집 하나 얻지 못함에 답답해했고 해결책을 찾아 나섰다. 책 속에서 길을 찾았다. 부동산 관련 서적을 마구 읽었다. 그리고는 즉각 행동으로 옮겼다. 경매와 관련된 책 한 권을 읽고 다음 날 바로 경매를 통해 토지를 낙찰받았다. 결과는 어땠을까. 지금까지도 팔지 못하는 애물단지라고 했다. 하지만 그는 그 한 번의 실천으로 부동산 투자의 세계를 피부로 느끼게 해주었다. 그리고 6년간의 경험으로 전문가가 되었다.

'그래, 바로 저거다. 책 읽고 바로 실천하기!'

6년 전, 그의 강의 주제는 책 제목과 연결되어 있었다. 《일독일행 독서법》. 그는 이미 6년 전 나에게 답을 주었다.

'한 권의 책을 읽고 한 번의 실천을 하라!'

그 교훈을 잠시 잊고 있었다. 효율적인 독서를 고민하고 있던 나에게 그의 등장은 한 줄기 빛과 같았다. 그날 강의에서 그는 부동산과 관련된 이야기보다 그의 삶을 들려주었다. 여전히 메시지는 하나였다. 읽고 실천하라! 그것뿐이었다. 그것이 성공의 단 하나의 비결임을 강조했다. 강의가 끝나고 그에게 감사함을 표시했다.

"작가님 덕분에 작가가 되었습니다. 그러나 잠시 잊고 있었던 것 하나가 있었습니다. 실천하는 독서였습니다. 이제 다시 시작하겠습니다."

그는 고맙다는 말만 남겼다. 수많은 사람이 부동산과 주식에 대해 질문을 하는 바람에 깊은 대화를 나눌 수 없었다. 더 대화를 나누고 싶었지만 나는 조용히 자리를 떠났다. 이미 큰 깨달음을 얻었기 때문이다. 행동으로 옮길 일만 남았다.

집으로 돌아오는 길에 서점에 들렀다. 지금 내 삶에 고민거리가 무엇인지 나 자신에게 질문을 던졌다. 과도한 업무, 수면 부족, 미래를 준비하기 위한 재테크. 3가지 분야로 압축되었다. 고민을 해결하기 위한 책을 찾았다. 여유가 없던 내게 3권의 책을 읽는 것은 무리라고 생각했다. 하지만 실천을 해야만 했다. 집으로 돌아와 책의 목차를 유심히 보았다. 목차 중 내 삶의 문제를 해결해 줄, 가장 근접한 답이 있을 것 같은 꼭지 제목을 찾았다. 그 부분만 집중적으로 읽었다. 책 한 권에서 읽은 부분은 10페이지 정도. 적은 분량이지만 목적을 가지고 책을 읽으니 해결책을 위한 답이 눈에 들어왔다. 300페이지가 넘는 책이었지만 내 삶에 오늘, 당장 필요한 것은 얼마 되지 않았다. 이제는 실천만 남았다.

실천
삶이 바뀌고 싶다면 일단 해봐

　다음 날, 출근해서 바로 실천에 돌입했다. 효율적 업무를 위한 책에서는 이렇게 말했다.

　'업무가 많을 때는 해야 할 일을 적어보고, 가장 급한 일 3가지만 정하라. 그리고 거기에만 집중해서 끝을 내라.'

　하루에 처리해야 할 일이 10가지가 있었다. 3가지로 추리고 7가지는 과감히 머릿속에서 지워버렸다. 3가지를 하나씩 집중해서 해결했다. 업무를 하다 보면 추가적인 일들이 또 생겼다. 일단 수첩에 적어두었다. 3가지를 끝내자는 마음으로 다시 집중했다. 일과가 끝나기 3시간 전, 어느새 3가지가 끝났다. 나머지 7가지를 다시 차분히 들여다보니 꼭 오늘 하지 않아도 되는 일이었다. 이럴 수가! 한 권의 책에서 10페이지가 내 삶을 효율적으로 바꿔주었다. 놀라웠다. 퇴근 후 다른 분야도 삶에 적용해보기로 했다.

이번에는 수면이다. 수면과 관련된 책의 목차를 다시 보았다. 책 말미에 핵심이라고 표현한 부분이 있었다.

'8시간 이상 잠을 자고, 자기 전 1시간 동안은 스마트폰을 보지 않기.'

바로 적용을 해보았다. 일이 일찍 마무리되니 저녁 10시에 잠들 수 있었다. 9시부터 스마트폰을 보지 않았다. 다음 날 아침에 눈을 떴다. 맙소사! 몸이 이렇게 가벼워질 수가! 2권의 책을 삶에 적용하고 건강을 찾았다. 하루를 산뜻하게 시작했다. 일을 시작하기 전 다시 업무를 정리하고 3가지만 해나갔다. 시간에 쫓기지 않고 일을 끝낼 수 있었다. 퇴근이 빨라졌다. 여유 시간이 생겼다. 이제 3번째 실천인 재테크에 도전해 보기로 했다.

재테크는 배경지식이 너무 없어서 무엇을 해야 할지 망설여졌다. 책의 목차 초반부를 보았다. 제일 먼저 필요한 것은 나의 현재 재무 상태를 파악하는 것이라고 했다. 군에서는 봉급표를 쉽게 조회할 수 있다. 3년 치 봉급표를 출력해서 집으로 왔다.

군 생활 처음으로 봉급표를 구체적으로 보게 되었다. 낯선 항목들이 많았다. 월말이 되면 왜 신용카드를 사용해야 생활할 수 있었는지 알게 되었다. 봉급을 얼마나 받고, 고정적 지출이 얼마인지 파악하지 못해 늘 돈이 부족했던 것이다. 아내와 한 시간 넘게 고정 지출에 관해 이야기했다. 지출을 줄일 방법이 나왔다. 한 달에 30만 원을 줄일 수 있었다. 30만 원은 현재 차곡차곡 쌓여 자산에 재투자 되고 있다.

서점에서 산 3권의 책을 딱 10페이지만 읽었다. 그리고 그 안에서 찾은 방법을 실천했다. 단 30페이지의 분량은 삶에 엄청난 변화를 만들어냈다. 한 권의 책을 다 읽지 않아도 실천하면 삶은 변한다. 필요한 부분을 찾아서 읽고 삶에 적용하기. 이것이야말로 진정한 독서임을 깨달았다. 시간이 없어서 책을 읽지 못한다는 것은 정말 핑계였다. 분량이 아무리 적어도 책을 읽고 실천만 하면 이미 완벽한 독서를 한 것이다. 그 후로 나는 책 읽는 시간을 고민하지 않는다. 5분이라도 삶에 필요한 문장을 찾기 위한 목적이 있는 독서를 실천해 나아갔다.

그 이후로 내 삶은 극적으로 변했다. 300페이지의 책 전체를 읽으려 하지 않았다. 나에게 필요한 것이 무엇인지, 내 삶의 고민이 무엇인지를 먼저 생각하고 책을 선정했다. 책의 목차를 보고 나에게 필요하다고 생각되는 내용을 골라 집중적으로 읽었다. 삶에 적용할 방법들이 눈이 들어왔다. 깊은 생각이 필요한 문장을 만나면 멈췄다. 멈추고 책을 덮었다. 생각하면서 어떻게 적용할지를 고민하고 사색했다. 어떤 변화가 있었는지 몇 가지 사례를 적어보겠다.

《난생처음 부동산 투자 시크릿》, 저자 박지청
  공군 중령 출신으로 20년간 군 생활 후 항공사 부기장, 대학교 항공운항과 교수를 역임하시고 이제는 부동산으로 부를 이루고 강의와 컨설팅을 해주시는 분이다. 이 책을 읽고 저자를 찾아가 배움을 청했다. 적은 돈으로 서울에 투자하는 방법을 알려주셨다. 나는 지금 서울의 핵심지인 용산에 월세가 나오는 오피스텔을 취득했다. 오피스텔은 재개발 후 30평대 아파트가 될 것이다. 지금은 작가님과 군인들을 연결해주는 징검다리가 되어 무료강의, 멘토링을 해주도록 돕고 있다.

《보물지도》, 저자 모치즈키 도시타카
  저자는 자신의 꿈을 가시화하고 매일 대화를 나누면 꿈에 가까워진다고 한다. 말도 안 되는 일이라 생각했지만 일단 실천했다. 감사하게도 이 책을 읽고 15년 동안 실천하는 선배를 만나게 되었다. 박환이 선배의 보물지도를 보고 감탄했다. 보물지도를 만드는 방법을 문의하고 도움을 청했다. 상세한 멘토링으로 나만의 보물지도가 완성됐다. 그리고 곧 보물지도는 현실이 되었다.

1. '개인 저서를 쓴 작가가 되었다.' → 2024년 5월 개인 저서 출간, 베스트셀러 선정

2. '부대, 외부기관에 독서 강연을 했다.' → 2025년 1월 기준 25개 부대, 5개 외부기관 강의

3. '온라인 독서 모임을 만들고 운영진을 임명해서 운영했다.' → 〈독하군 독서 모임〉 개설, 7명 운영진 위촉, 140명의 멤버, 카페 개설 후 운영 중

4. '부대에 독서 모임을 만들고 함께 성장했다.' → 책 쓰는 부대 독서 모임 개설, 8명의 용사들과 책 쓰기 진행 중

《나는 경매로 1년 만에 인생을 역전했다》, 저자 구범준

환경미화원으로 살면서 29억 자산가가 되고, 월 1,000만 원의 현금흐름을 만든 저자. 이 책을 포함하여 10권의 경매 관련 저서를 읽어보았다. 1달간의 독서를 마치고 인천 법원에 가서 경매에 참여했다. 첫 낙찰을 받아 오피스텔을 6,000만 원에 인수하고, 1달이 되지 않아서 7,400만 원에 매도하였다. 경매 전반에 관한 과정을 경험할 수 있었다. 금전적 수익, 경매 경험, 부동산에 대한 이해와 자신감이라는 큰 자산을 얻었다.

《와일드 이펙트》, 저자 유광선

저자는 행복한 성공을 위해서 100권의 책을 읽고, 100명의 전문가를 만나고, 100곳을 방문하라고 한다. 책을 읽고 저자이자 출판사 대표, 한국평생교육원을 운영하시는 유광선 대표님을 만났다. 만남은 나의 개인 저서《히어로 이펙트》가 출간으로 이어졌다. 대표님의 적극적인 지원으로 군인 최초로 광화문 교보문고에서 저자강연회를 하게 되었다. 이후 100명의 전문가를 찾는다는 마음으로 다양한 분야의 전문가들을 만나 〈독하군 독서 모임〉에서 저자강연회를 진행하고 있다. 대학원 교수님, 행정사 법인 대표, 1인 기업가, 부동산 전문가, 문학인, 요식업 CEO이자 작가, AI 마케팅 회사 대표, 군인지식플랫폼 대표 등. 다양한 사람들에게 배움을 청하고, 저자강연회까지 성사시켜 군인들을 성장시켜 주고 있다.

책을 읽고 끝내는 것이 아니라 몸을 움직여 실천했더니 기적 같은 일들이 일어난다. 책을 읽고 저자를 찾아가 배움을 얻으니 혼자서는 할 수 없던 일들이 이뤄지고 있다. 책 속의 문장들을 내 것으로 만드니 경제적인 성과도 얻게 된다. 오로지 책을 통해 얻은 결과물이다. 책으로 얻은 지식을 행동으로 옮기니 삶을 변화시키고 있다. 실천하는 독서. 이보다 강력한 무기가 또 있을까.

'삶이 바뀌고 싶다면? 일단 좀 해봐!'

질문
독서를 실천으로 바꿔주는 힘

'영웅아, 다른 사람과 차별화된 너만의 것은 뭐야?'

20년 군 생활을 하고 전역한 선배와 만났다. 그는 투자 전문 가가 되어있었다. 그는 책을 출간했다. 제목이 매우 흥미롭다. 바로, 《군인은 어떻게 부자가 될 수 있을까》이다. '리치비(Rich Bee)'라는 필명으로 활동하고 있는 선배. 그의 책을 읽고 너무 좋아서 바로 찾아갔다. 재테크를 배워볼까 하고 찾아간 만남에서 생각지도 못한 질문을 받은 것이다.

그가 나에게 해준 첫 조언이자 질문. '나만의 것'이 무엇일까. 머리를 한 대 얻어맞은 듯했다. 수많은 책을 읽고 실천으로 옮겼다. 그러나 그 과정에서 나만의 것을 고민해본 적은 없었던 것이다. 책의 저자가 준 지식을 실천하는 것이 아닌 내가 만들어낸 지식과 이론은 있었는가. 짧은 질문이지만 많은 생각을 하게 되었다.

'영웅아, 나는 독서를 하고 본질을 찾으려고 끊임없이 질문을 던졌어.'

본질이 무엇인지 고민하고 해답을 찾기 위해 끊임없이 질문하는 것. 그에게 독서는 본질을 찾기 위한 수단이었다. 책 한 권을 추천해주었다. 자신을 알아보는 시간, 나에게 질문을 던져보는 시간을 가지라고 했다. 오봉근 저자의《메타인지, 생각의 기술》. 추천을 받고 바로 서점으로 가서 책을 구매했다. 나만의 독서법을 적용했다. 목차를 보고 내게 필요한 핵심 부분을 찾아 깊이 읽어보았다.

'메타인지'가 무엇인지 알고 싶어 사전을 먼저 찾아보았다. 뜻은 아래와 같다.
'자신의 인지 과정에 대해 생각하여 자신이 아는 것과 모르는 것을 자각하는 것과 스스로 문제점을 찾아내고 해결하며 자신의 학습과정을 조절할 줄 아는 지능과 관련된 인식'

메타인지에 대한 의미는 알게 되었고, 이제는 책 속에서 내게 필요한 부분을 찾았다. 책의 초반부에서 찾을 수 있었다. 메타인지를 위해서는 '핵심 질문'을 만들어 보라고 했다. 책을 덮고 나 자신에게 던지는 3가지 핵심 질문을 정리해보았다.

1. 내 인생의 진정한 목표는 무엇인가?
2. 목표를 이루기 위해 당장 할 수 있는 것, 할 수 없는 것은 무엇인가?
3. 목표를 달성하는 데 필요한 것, 부족한 것은 무엇인가?

이 질문들에 대한 답을 찾기 위해 엄청난 사색의 시간을 가졌다. 그 시간이 엄청난 성장을 주었다. 나만의 시간을 갖기. 사색을 통해 삶을 위한 질문을 던지고 답을 찾기. 이를 통해 삶의 목표를 잡아가고 실천 방향 정하기.

리치비 선배가 내게 말해주고 싶었던 메시지는 무엇이었을까. 답을 묻지 않았다. '왜 이 책이었을까?'라는 질문을 던져보며 나만의 답을 찾기로 했다. 내가 내린 결론은 내 마음속 독서 욕구와 그것을 통한 실천이 왜 일어나는지 인식하라는 것이었다. 말하고자 했던 메시지가 궁금하지만 답은 묻지 않기로 했다. 결국 답은 내 안에 있다는 것을 깨달았기 때문이다.

내 삶을 되돌아보니 책을 읽고 정말 많은 것을 깨달았다. 실천으로 옮겼다. 그러나 그 과정에서 일어난 내 행동의 이유는 그제야 깨닫게 되었다. 내 인생의 목표가 있었으며 그 목표를 이루기 위해 내게 필요한 지식을 갈망하고 찾았던 것이다. 지금까지 내가 읽어 온 책, 실천으로 옮겼던 행동들은 그곳으로 귀결되고 있었다.

'독서하는 군인'이라는 이름으로 약 2년간 살았다. 그동안 많은 기적 같은 일들을 만들어냈다. 1년 만에 2권의 책을 출간하고, 온라인 독서 모임 멤버 140명을 만들고, 국방일보 전면에 나에 대한 소개 글이 게재되었다. 유명 인플루언서와 유튜브도 3차례나 촬영했다. 일반적인 군인이라면 불가능한, 시도조차 하지 못하는 일들이었다. 이 결과들은 8년 전 십자인대 수술로 병실에서 좌절하고 있을 때 내게 던졌던 최초의 질문에서 시작되었다.

'나는 지금 왜 군인을 하고 있지?'라는 질문을 했고, '끌려다니지 말고, 끌고 가자.'라는 답을 통해 만들어낸 결과다. 이제는 한 단계 더 나아가려 한다.

'내 인생의 진정한 목표는 무엇인가?'

이 질문에 대한 답을 찾아가고 있다. 2025년 1월, 현재 나의 답은 3가지다.

1. 누구에게도 끌려다니지 않으며 내가 하고 싶은 일(나만의 사업, 국내 1등 도서관 만들기)을 하며 세상과 나누는 인생 살기
2. 가족들에게 존경받는 남편이자 아빠, 그리고 아들 되기(원하는 시간에 가족과 함께하기)
3. 독서를 통해 사람들의 의식변화를 통해 성장시켜주기(독서하는 군인 1만 명 만들기)

이 답을 통해 나는 2025년을 살아가려 한다. 답을 정했으니 그 답에 가까운 인생을 살아가고자 한다. 답은 바뀔 수 있다. 그러나 질문은 변하지 않을 것이다. 내 삶의 질문을 1가지를 갖는 것은 엄청난 힘이 된다. 그 질문과 답을 찾아 계속 실천해간다면 누구나 성공의 길로 갈 수 있다. 성공이라는 것은 엄청난 부를 갖추는 것도 아니며, 세상에 이름을 떨치는 것도 아니다. 그저 내 삶의 목표에 다가가고 있는 과정, 그 목표를 향해 다가갔을 때의 만족감. 그것이 인생의 진정한 성공이 아닐까.

'갓생(God生)'이라는 것은 무엇일까. 하루 24시간을 잘게 쪼개서 자기계발에 투자하는 삶일까. 토익 900점을 맞고, 자격증 수십 개를 얻는 것일까. 나는 그렇게 생각하지 않는다. 자신만의

확고하고, 확실한 목표를 정하고 그 길을 뚜벅뚜벅 걸어가는 것. 그 과정을 즐기며 실천하면서 목표를 이뤄가는 삶. 그것이 내가 생각한 진정한 '갓생'이다.

잠시 멈춰 자신에게 질문을 던져보자. 그 과정이 어렵다면 독서를 해보자. 독서를 통해 내 뇌에 자극을 주어 인생을 바꿀 '핵심 질문'을 찾자. 당신의 마음속에, 당신의 뇌 속 깊은 곳에 이미 그 핵심 질문이 있다. 그것을 세상 밖으로 꺼내주는 도구가 바로 독서다. 여러분만의 질문을 만나길 바라본다. 질문과 답을 찾고, 그것을 실천하는 진정한 '갓생'을 살아가는 당신이 되길.

PART 02 〉〉〉

유긍정의 슬기로운 군대생활

유 나 현

가라데 청소년 국가대표 출신, 도합 9단
병영심리 상담사, 긍정심리 상담사 1급
국방부 정신전력 아이디어 〈대상〉 등 다수
동기부여 강사
(유긍정의 슬기로운 현생나기)

유나현 작가 소개

충성! 좋은 아침입니다!

2013년, 나는 자율형 사립고에 입학했다. 공부를 잘하진 않았지만, 본격적으로 수험생 생활을 해보고 싶어 지원했다. 나는 사교육을 받지 않아 좋은 성적을 받기 위해 쉬는 시간에도 선생님께 찾아갔다. 한 달, 두 달. 하지만 역시 무리였던 걸까. 수업 진도를 따라가지 못했다. 1학년 1학기, 첫 학기가 지나기도 전에 포기했다. 학원에 다녀야겠다는 생각보다 하기 싫다는 생각이 먼저 들었다.

그러던 중 남자친구가 생겼다. 유도부라 일반 학생과는 학교생활이 달랐다. 수업시간엔 항상 빠졌고, 야간자율학습도 하지 않았다. 공부에 흥미가 떨어졌던 나도 물들어갔다. 수업시간에 매점에서 1,000원짜리 햄버거와 피크닉 음료수를 먹으며 노는 것이 더 재밌었다. 시험 시간엔 OMR카드를 한 번호로 채워 넣고 잤다. 아이러니하게도 선생님들은 그런 나를 신경을 쓰지 않았다. 8등급, 9등급. 성적은 바닥을 쳤다.

방황아, 가스라이팅, 전학

내 고등학교 시절을 표현하는 단어다. 결국 나는 방황아가 되었다. 뭘 해야 할지 몰랐다. '나'라는 존재가 없었다. 분노조절 장애가 있던 남자친구는 화가 나면 자살 시도를 하거나 내게 욕을 했다. 내 주변 사람들에게 해코지를 할까 봐 매일 눈치를 보고 빌었다. 다 내 잘못이라고. 그렇게 나는 어둠 속에서 점점 작아졌다. 아니 좋은 말로 순진했다랄까. 그렇게 망가지는 나 자신을 보면서 이번 인생은 이렇게 사는 게 팔자라 생각했다. 좋은 인생은 다음에. 부모님과도 서로에 대한 불신이 높아져 갔다.

괴로움에 집을 나갔다. 부모님은 밤낮으로 나를 찾아다녔다. 어느 날, 아버지는 훈육 차원에서 내 머리카락도 잘랐다. 응답하라 드라마 성시원(배우 정은지)처럼 타조 머리가 되었다. 핸드폰도 없어졌다. 그러면서도 아버지는 포기하지 않았다. 나를 어르고 달래기 위해 매번 카페에 데리고 갔다. 허심탄회하게 이야기해 보자고.

솔직히 두려웠다. 내가 바뀔 수 있을까. 하지만 끊임없이 대화를 시도하는 아버지 노력 덕에 나는 점차 달라지기 시작했다. 그 사이 일반고로 전학도 갔다. 밑바닥을 찍었으니 더 내려갈 곳도 없지. 두렵지 않았다. 떨어지면 얼마나 더 떨어지랴. 새로운 인생을 위해 도전할 용기가 생겼다.

"나현아, 너는 순탄하게만 살아온 거 같아."

간혹 이렇게 말하는 사람들이 있다. 마냥 좋은 인생을 산 사람이 더 긍정적일까. 힘듦을 딛고 일어난 사람이 더 긍정적일까. 나는 후자이기에 더 작은 것에 감사하며 산다고 장담할 수 있다. 인생을 바꾸기 위해 5년 이상 노력했다. 성공한 사람들의 방법을 듣고 따라 했다. 감사일기, 독서, 긍정 확언. 무엇보다 주변의 시선은 신경 쓰지 않는 오로지 내 스스로를 믿고 행동하는 연습을 했다.

그렇게 눈과 목소리에 힘이 생겼다. 어깨가 펴졌다. 내 힘들었던 과거는 많은 이들과 공감할 수 있는 열매가 되었다. 그리고 이젠 그 열매들을 나눌 수 있는 사람이 되었다.

'와… 달동네 같다….'

임관 후 처음으로 배정받은 부대 모습을 보며 떠오른 생각이다. 부대 전체가 위병소에서 한눈에 다 보였다. 본청이라 하는 건물은 마치 시골 초등학교 같았다. 건물 곳곳에 쌓인 먼지와 오래된 나무로 이루어진 창틀. 처음 들어간 지휘통제실에 설치된 빔프로젝터의 빛은 희미해지고 있었다. 이게 바로 야전인가. 내가 상상하고 그려왔던 부대 모습과 너무 달랐다. 그렇지만 내겐 새로운 기회를 주는 또 다른 공간이었다.

달동네 같은 부대. 시골 초등학교 같은 본청. 골방 사무실. 너무 낭만 있지 않은가?

꾸밈없는, 채워지지 않는 듯한 부대 이미지는 마치 내게 한 장의 빈 도화지처럼 보였다. 오랜 기간 다져온 내 특유의 밝은 에너지와 목소리들로 채워나가고 싶다는 흥미로움도 발동되었다. 무슨 자신감이었는진 모르겠다. 해낼 수 있다는 믿음으로 두렵지 않았다. 차근차근 생각해보았다.

나는 소위다. 모르는 게 당연하다. 그렇지만 내가 부대를 위해 할 수 있는 건 무엇일까? 어디서든 막내들이 사랑받는 이유는 뭐지? 아! 밝은 미소, 자신 있는 목소리, 그리고 긍정적인 에너지구나. 나도 그런 사람이 되어야겠다.

누구나 자신이 없어 눈치만 보며 도망 다니는 사람보다 일은 못 해도 항상 밝고 당당하게 인사하는, 무엇이든 배우려는 사람에게 더 호감이 간다. 그래서 나는 후자를 선택했다. 불과 몇 개월 전만 해도 대학교에서 가장 높은 4학년이었지만 이제 막 임관한 나는 여기서 막내다.

충성! 좋은 아침입니다!

느낌표를 정확히 살린 내 또랑또랑한 목소리는 4년이 지난 지금도 여전하다. 시간이 지나고 후임이 생기든 다시 막내가 되든 달라지지 않는다. 그렇게 밝은 인사로 시작된 인연들은 어느새 내게 따뜻한 미소로 찾아온다. 끊임없는 내 질문에도 흔쾌히 알려주고 가르쳐준다. 나도 각각의 노하우를 하나씩 습득하게 된다. 자연스레 내 업무 역량은 발전한다.

어느 날, 테니스장에서 마주친 사단장님께서 나를 보곤 말씀하셨다.
"나현이만 보면 기분이 좋아져."
그렇다. 나는 밝은 인사 하나로 누군가에게 행복을 선물해줬다. 언젠가 그 행복은 다시 내게 돌아올 거라 확신한다. 당당해지자. 막내의 순간은 다시 안 올 기회다!

이게 바로 소위의 패기

"넌 아직 군대 현실을 몰라서 그래."

가끔 나의 밝은 에너지와 목소리가 꺼질까 우려하는 목소리가 들린다. 사실 나도 걱정이 된다. 나중에 나도 업무에 찌들면 어떡하지? 그런 모습을 보고 사람들이 실망하면 어떡하지? 생각만 해도 벌써 힘이 빠진다. 그래서 나는 지금의 모습을 유지할 수 있는 새로운 방법을 찾기로 했다.

먼저 내 주변을 둘러보았다. 분명 내가 원하는 간부의 모습을 갖춘 분들이 있을 거라 확신했다. 고개를 돌리는 순간 바로 옆자리에 앉아있는 여군 선배가 보였다. 그 여군 선배는 나보다 1년 선임이었다. 중위 계급이지만 인사가 만사라는 대대 인사과장 직책을 맡고 계셨다. 그런데도 주변 사람들까지 기분 좋게 하는 특유의 긍정 에너지가 있었다. 명확한 대답, 밝은 목소리, 호탕한 웃음. 얼마 지나지 않아 운동까지 잘한다는 소문이 부대에 퍼졌다. 그래. 먼저 내 멘토를 정하자! 나는 그날부터 과장님의 모습을 분석했다.

'항상 활력이 넘쳐. 늘 상대방을 기분 좋게 해주시는구나. 오케이. 나도 웃으면서 즐겁게!'

'실수해도 기죽지 않으시네? 오히려 인정하고 배우는 자세를 모두 좋아하시는구나!'

'체력 단련시간에는 운동을! 그래도 할 일은 책임감 있게 끝까지! 오케이. 뭐든 내가 하기 나름!'

과장님이 습관적으로 하시는 말씀은 '오히려 좋아!'였다. 업무가 꼬여도, 예상치 못한 상황이 발생해도 '오히려 지금 알아서 다행이다!', '오히려 일정이 조정돼서 좋아!'라며 전혀 개의치 않아 하셨다. 간부들 사이에서는 만나면 기분 좋은 사람, 상급자에겐 무슨 일이든 똑 부러지게 잘하는 사람으로 인정받았다. 얼마 지나지 않아 1차 장기선발 명단에 과장님 이름이 당당히 들어가 있는 것을 보고 더 확신이 들었다.

그래, 이번 기회에 소위의 패기, 제대로 보여주자!

사회 초년생이 가진 가장 큰 무기는 패기 넘치는 목소리와 당당함이다. 원래 아무것도 모르는 아이가 더 대담하다. 우리도 그런 아이 같은 존재라면 이걸 누려야 하지 않겠는가? 너무 MZ세대라고? 맞다. 나도 MZ고, 이 책을 읽는 당신도 MZ세대일지 모른다. 하지만 포인트는 다르다. 실수를 인정하고 배워나가는 자세에서 비롯된 당당함과 패기라는 것. 물론 초급간부들에게 높은 언성과 지적은 두려움의 대상이라는 것도 안다. 하지만 여기서 이겨내지 못한다면 자존감이 떨어질 뿐만 아니라 출근도 싫어진다. 이게 바로 의욕 없는 직장인들의 초기 모습이다. 그렇지만 우리에겐 무기가 있지 않은가? 모름을 인정하고 적극적으로 배워나가려고 한다면 그 누구든 도움의 손길을 내밀어 줄 것이다.

그럼 힘들어도 그냥 웃고 다니면 되나요?

아니다. 내 행복과 즐거움은 진심에서 나와야 한다. 자, 여기서 나는 초급간부로 살아남기 위한 두 번째 방법을 생각해냈다. 바로 월요병 극복한 척 출근하기였다. 갑자기 뜬금없이 무슨 말인가 싶지만, 생각보다 효과가 있다.

누구든 월요병은 온다. 잠이 많은 내겐 하루하루가 월요병이다. 나는 여전히 아침에 일찍 일어나는 것이 힘들다. 하지만 누가 잠도 덜 깬 목소리로 부스스하게 출근하는 내 모습을 좋아하겠는가? 더구나 한창 팔팔해야 할 초급간부가? 썩 보기 좋진 않다.

사실 이전에는 열심히 고생하는 모습을 보여줘야 한다고 생각했다. 온몸에서 우러나오는 피곤함으로 '저 이만큼 부대를 위해 열심히 하고 있어요'라고 어필했다. 하지만 돌아오는 건 '피곤해 보이네.' 이 한마디가 끝이었다. 이후에 업무가 줄어들지도, 없어지지도 않았다. 오히려 모두가 지쳐있는 상태에서 나까지 늘어져 있으니 분위기만 가라앉을 뿐이었다. 결국 업무를 빠르게 끝내려면 내가 부지런히 움직여야 했다.

먼저 나부터 출근을 즐기기로 했다. 생각을 바꿨다. 월요병을 극복하지 못하겠다면 극복한 척이라도 하자! 하루 이틀. 챌린지마냥 조금씩 실천했다. 척을 했더니 어느새 내 모습이 되어있었다. 출근에 대한 거부감이 사라졌다. 오히려 새로운 하루를 맞이하는 설렘에 잠을 설친 적도 있었다.

'그래도 나를 충전할 방법이 있어야 해.'

이 모든 것을 유지하려면 조건이 있다. 여유가 있어야 한다. 사람은 주기적으로 번—아웃이 온다. 열정이 넘치는 나는 더 자주 찾아왔다. 그럴 때마다 모든 걸 내려놓고 하고 싶은 취미로 관심을 돌렸다. 독서, 글쓰기, 운동 등. 급한 업무가 아니면 미련 없이 힐링에 몰입했다. 회복 속도가 빨라졌다.

그러다 보니 신기한 선순환이 시작되었다. 나 스스로 관리가 되니 일하는 것이 즐거워졌다. 통통 튀는 내 에너지는 유지됐다. 내 가치가 올라갔다. 도와주는 손길이 많아졌고 덕분에 업무처리가 빨라졌다. 막막했던 군 생활의 첫 시작이 고속도로처럼 뻥 뚫렸다.

운명처럼 만난 내 멘토 인사과장님. 내 군 생활의 나침반. 그렇게 나는 과장님을 따라 장기복무 1차 선발 명단에 당당히 올라갔다.

효과적인 Why not? 임무수행 방법

초급간부는 처음 임무 수행할 때 어려움을 많이 겪는다. 대부분 1년 정도 일하다 보면 어느 정도 돌아가는 사이클을 알게 된다지만 우리는 생소한 군대 용어, 새로운 생활방식을 익히고 적응하는데 바쁘다.

처음 부대에 갔을 땐 중대장님이 대리 임무 수행을 하고 계셨다. 대대급 부대라 국방일보 배부, 사진 촬영, 주간 정신전력교육 등 가장 기본적인 업무들만 있었다. 웬만하면 단순 업무였기에 중대장님은 인수인계보다 오히려 초급간부가 알아두면 좋은 일머리 센스를 많이 알려주셨다.

"나현아, 대대장님과 순찰 가기 전에 암구호 숙지하고 가! 갑자기 여쭤보실 수도 있어."

"국방일보에 주요 내용을 띠지로 붙여 책상에 올려두는 게 읽기 편하시겠지?"

"(좋은 성과가 있을 때) 이거 대대장님께 가서 나현이가 했다고 해!"

나는 중대장님 덕분에 개념 있는 소위가 됐다. 바로 앞에 놓인 업무를 해치워 버리기보다 더 멀리 바라보고 준비할 수 있는 사람이 되었다. 정말 감사했다. 그리고 이런 일머리가 쌓이기 시작할 때 조금 더 발동을 걸어봤다.

정훈장교는 반기마다 집중정신전력교육을 주관하고 시행한다. 4박 5일 일정을 직접 기획하고 준비한다. 목적은 장병 모두가 올바른 국가관, 대적관, 군인정신을 확립하는 것이다. 사소한 일만 해왔던 내게 가장 큰 임무였다. 먼저 어떤 프로그램을 넣어야 할까. 이전에 중대장님이 작성하신 계획문서를 컴퓨터 폴더에서 찾았다. 이대로만 하면 될까? 그대로 쓰냐 마냐 갈림길에서 수정할 수 있는 부분부터 손을 댔다.

일단 날짜부터 바꾼다. 그리고 이전에 대대장님이 지시하신 사항들을 확인한다. 봄맞이 대대 사진 경연대회. 집중정신전력교육과 연계해 시행하는 데 큰 문제 없다. 주둔지 근처에서 촬영하는 시간을 고려해 시간을 편성한다. 다음으로 상급부대 추진사항을 확인한다. 충무공 이순신 탄신 기념행사를 하고 있다. 각 분야에서 우수작들은 사단 포상이 주어진다. 교육과 동시에 만든 결과물로 경연대회에 공모한다. 일석이조 효과를 노린다.

다음으론 교육 대상자가 누군지 파악한다. 집중정신전력교육을 듣는 용사들은 국방의 의무를 다하기 위해 왔고, 학교에서 하는 강의식 교육에 익숙한 인원들이 대부분이다. 더구나 내가 하는 교육은 이미 용사들에게 지루하게 느껴질 수 있다. 이 분위기를 깨야 한다.

풋살과 TV 프로그램 신서유기에 나온 고깔고깔 게임을 넣으며 활동적으로 참여할 수 있는 프로그램을 추가했다. 간부들은 매일 똑같은 업무 루틴으로 인해 타성에 빠져 있을 확률이 높다. 간부들도 잠시 쉬어갈 수 있도록 직접 만드는 DIY 무드등 체험을 추가했다. 교육 메시지는 중간중간에 녹여낸다. 기존 프로그램을 싹 바꿨다.

우선 여단 정훈 과장님께 계획문서를 먼저 보내드렸다. 내가 생각지 못하고 놓친 부분이 있는지 확인하기 위해서다. 과장님께선 내가 고민하며 세운 계획이란 걸 바로 알아봐 주셨다.

"소위인데 이 정도 계획문서를 만들 수 있다니 너무 훌륭하다."

그리고 문서를 다듬어 주셨다. 와우! 이전과는 전혀 다른 문서로 돌아왔다. 더 가독성이 좋고 눈에 확 들어오는. 누가 봐도 읽어보고 싶은 문서였다. 아, 보고서 양식을 깨지 않는 선에서 내용이 잘 전달될 수 있도록 작성해야 하는구나. 보기 좋은 떡이 먹기도 좋다고. 보고서도 그렇다.

이후 수정된 계획문서를 들고 대대장실에 들어갔다. 초록색 플러스 펜도 들고 간다. 문서에 바로 수정사항을 작성할 용도다. 먼저 주요 내용을 보고드린다. '이 계획문서는 올바른 교육 목표 달성을 위해 고민하며 작성한 보고서입니다.'라는 것을 어필할 좋은 기회다.

"상급부대에서 추진하는 행사와 대대장님께서 지시하신 사진 경연대회는 이렇게 편성했습니다. 또한, 이번에 우리 대대가 AI 플랫폼 시범부대로 선정되어 대대장님께서 교육 간 장병 핸드폰 사용을 승인해주시면 더욱 내실 있게 추진하겠습니다. 추가로 인원들의 적극적인 참여와 독려를 위해 포상으로 휴가 1일 3명을 건의 드립니다. 규정과 예산 사용에는 큰 제한 없습니다!"

"정훈장교는 내가 말했던 부분을 잘 연계해서 실시하는구나. 잘했다!"

단지 이전 문서에 날짜만 변경하기보다 주도적으로 계획해 나가면 업무가 훨씬 수월해진다. 즉, 일하는 방법에 정답은 없다는 의미다. 참고는 하되 이 일을 통해 얻고자 하는 최종 목표가 무엇인지, 어떤 방법이 제일 효과적이고 효율적인지 고민해봐야 한다. 여기서 규정과 예산은 업무를 더 올바르게 추진할 수 있도록 도와주는 도구이다.

임무 수행 기간은 중요하지 않다. 본인의 임무에 얼마나 애정과 관심이 있는지가 중요하다. Why not? 왜 안 되는가? 정해진 규정과 예산 속에서 내가 할 수 있는 방법을 고루 동원한다면 더욱 창의적인 방법으로 임무를 수행할 수 있다. 내가 먼저 찾아보자. 그리고 검토받고, 결심 받고, 시행해보자. 상상 이상으로 효율적인 업무 방법을 많이 터득할 수 있을 것이다.

경연대회 포상만 19개, 군 생활의 새로운 도파민

나는 도파민 중독자다. 단기간에 결론이 나는 것을 좋아한다. 오랜 시간이 걸리는 것보다 짧은 시간에 결론이 나는. 그러던 2021년, 코로나19 팬데믹 상황에서 나는 처음으로 자대배치를 받았다.

매일 코로나 확진자 수가 재난문자로 날아왔고, 나는 영내에 거주했기에 위병소 밖을 나갈 수 없었다. 이젠 달동네 같은 이 부대 안에서 새로운 재미를 찾아 살아남아야 했다. 그러던 어느 날, 동기에게 연락이 왔다. 카카오톡 메시지에는 '제1회 미래혁신 공보정훈 아이디어 발표대회' 제목이 함께 남겨져 있었다. 새로운 도파민이다! 다시 상상력을 펼치고, 논리를 찾고, 발표자료를 만드는. 다시 내 심장이 뛰었다.

우리 아이디어는 '장병들이 활용할 수 있는 앱(App) 만들기'였다. 용사들이 매일 핸드폰을 사용하고 있다는 점과, 의미 있는 18개월 의무 복무를 연결하기로 했다. 평소 우리가 해온 자기계발 방법들을 녹여낸다면 어렵지 않았다. 동기는 메타버스를 활용한 비대면 전사적지 답사, 전시회 관람을, 나는 달리기 거리 측정, 마일리지 적립 등을 접목한 동기부여 시스템을 추가했다.

본선 진출을 축하합니다!

마침 육군본부에서도 장병들에게 맞춘 AI 플랫폼 관련 사업을 추진하고 있던 터라 우리 아이디어에 이목이 쏠렸다. 코로나 19 상황에서도 비대면 교육과 자기계발이 가능하다는 장점으로 밀고 나갔다. 그렇게 첫 경연대회에서 병과장 상장을 받았다. 그리고 그 이후로 AI 플랫폼 시연과 아이디어 발표에 참석하면서 이런 생각이 들었다.

① 군에서 하는 경연대회의 가장 큰 목적은 장병과 군 발전을 위한 것이다.
② 그런 의미에서 작품 퀄리티보다 전달하고자 하는 메시지가 중요하다.
③ 군은 이익을 창출하지 않는 회사와 같다.

④ 외부의 좋은 아이디어들을 벤치마킹한다면 그건 곧 최상의 아이디어다.

⑤ 매년 경연대회를 위한 예산이 배정된다. 내가 가진 아이디어만큼 참여 기회가 많다.

한번은 사단에서 장병 PT챌린지를 실시했다. 마찬가지로 비대면 심사를 했다. 주변에선 사전에 준비한 PPT를 띄우고 발표하는 모습을 카메라 하나로 찍어 제출했다. 평범했다. 다시 조건을 봤다. 원테이크 촬영 조건이 없었다. 그럼 메타버스는 어떤가? 메타버스 속 아바타를 활용한다면 주간정신전력 교육도 하고, 용사들의 반응도 함께 담을 수 있었다. 영상 자체만으로도 심사위원의 흥미를 돋우고, 내 주제에 집중시킬 수 있다. 이 PT챌린지는 사단에서 최우수상을, 작전사에선 우수상을 받았다.

이쯤에서 장병 모두에게 좋은 소식이 생겼다. 이젠 단체 상장도 개인별로 모두 기록변경처리가 된다. 상장은 팀별로 하나만 나오더라도 참여 시 제출한 명단을 기준으로 인정을 해준다. 간부든 용사든 개인 자력표에 한 줄이 추가된다. 새로운 동기부여다.

나는 신병교육대대에서 무엇이든 용사들과 함께했다. 모두 각자만의 색깔을 가진 장병이기에 군에서도 빛을 발하게 해주고 싶었다. 영상 제작, 기획, AI, 사진 촬영, 영어 등등. 주어진 임무 수행에 충실 하느라 자신의 색깔을 잠시 덮어둔 용사들을 찾아냈다.

처음엔 한 명뿐인 정훈병과 국방부에서 개최하는 '정신전력교육 발전 콘텐츠 아이디어 공모전'에 참여했다. 정훈병은 이미 혼자서도 경연대회 상을 휩쓸고 오는 인재에 업무도 센스있게 하는 긍정맨이었다. 우린 일과시간 후나 나머지 시간을 활용해 브레인스토밍을 했다. 사업 제안서를 작성하느라 꼬박 밤을 새웠다. 그렇게 탄생한 아이템은 개인 캐릭터 성장과 정신전력교육 성과를 연결한 앱(APP) '힘찬이 집사'이다. 이는 국방부장관 대상을 받았다.

우리 사무실에 있는 정보병은 영어를 잘했다. 부대 자체에서 함께 영어 동아리를 만들어 활동했다. 6개월 뒤, 국군 드림 청년 드림 뿜뿜 콘테스트에 동아리 분야로 참여했다. 제출해야 하는 영상을 단순히 동아리 소개 영상이 아닌, 미국 드라마 프렌즈(Friends)처럼 에피소드 드라마로 제작했다. 이는 육군참모총장 대상을 받았다.

이런 좋은 성과들이 이어지자 장병들의 자신감이 한층 높아졌다. 하나, 둘. 공모전과 경연대회가 생기면 내게 포스터를 들고 왔다. 서로서로 노하우를 나눠주고 아이디어를 제안했다.

　하루는 국방 홍보 영상 공모전을 두고 용사들과 회의를 했다. 단순히 연출 장면으로 제작하기보다 군-사회 존중문화를 직접 보여주는 게 더 좋은 효과가 있지 않겠냐는 의견이 나왔다. 군인에게 감사함을 표현하는 사회실험을 담기로 했다. 2주 동안 참여 용사들을 모집하고 음식점과 지인을 섭외해 촬영했다. 이는 국방홍보원장 장려를 받았다.

　경연대회는 누군가의 눈빛을 반짝이게 해줄 기회다. 용사들에겐 경연대회 준비 자체가 군 생활의 추억이고 원동력이며, 조기 진급 같은 새로운 동기부여가 된다. 단지 결과보다 이 모든 과정을 마음으로 함께 공감하고 나눈다면 내게도 더 의미 있는 활동이 될 것이다.

초급간부의 무기가 되는 유긍정 3계명

나는 이 책을 통해 초급간부들에게 도움이 되는 무기를 만들어주고 있다. 똑똑한 지식을 쌓아야 하는 것도, 오랜 시간을 투자할 필요도 없다. 지금을 잘 다져 놓는다면 어디서든 인정받고 반짝이는 보석이 될 수 있을 것이다. 물론 군이 아닌 사회에서도 적용할 수 있다.

1. 지휘관 지시사항 〉타 부서 협조업무 〉내 업무 순

군대는 국가와 국민을 지키기 위해 존재하는 조직이다. 지휘관은 그 목표에 맞게 효율적으로 부대를 운영한다. 상시 변화하는 환경에 맞춰 빠르게 판단하고 지시를 내린다. 이에 실무자는 참모로서 지휘관의 지시에 최우선으로 움직여야 한다.

그렇다면 타 부서 업무는 왜 우선일까? 일차적인 이유는 앞서 언급한 것과 같다. 어떤 조직이든 나 혼자만 열심히 잘한다해서 되는 게 아니다. 서로 협력해서 일해야 빠르게 공동 목표를 달성할 수 있다. 내가 누군가의 도움이 필요할 때 언제나 흔쾌히 손을 내밀어 줄 수 있는 사람들을 많이 만들어 놓는 것이 중요하다.

그런데 다 그렇게 도와주면 제 일은 언제 하나요?
나중에 저한테만 업무가 오면 어떡하죠?

바보 같은 소리다. 다음 두 가지를 비교해보자.

A: 내 업무도 못 하고, 효율성이 없다. 유인물만 정리하고 세절하는 단순 업무만 들어온다. 시간만 뺏긴다. 업무 능력이 향상되지 않는다. 일이 싫다.

B: 내 업무도 잘하고, 효율성이 있다. 내 가치를 인정받은 협조업무가 들어온다. 내겐 정말 간단한 디자인이다. 나는 쉽게 끝내는데 남들에겐 어려운 일이다. 업무 능력이 향상된다. 일이 재밌다.

단순 업무와 협조 업무의 차이다. 어떤 업무를 상부상조하며 Win-Win을 만들 것인가? 이를 잘 구분해야 한다. 주기적으로 해야 하는 내 업무는 이 모든 걸 끝내고 해도 늦지 않다. 일은 시간과 효율성을 고려한 우선순위로부터 모든 것이 나누어진다.

2. 좋아하는 운동 최소 1개 이상 가지기

우리가 생각하는 군인의 모습은 어떠한가? 다부진 체격, 지금 당장 싸워나가도 이길 수 있는 강인함 등. 체력은 기본 바탕으로 가지고 있어야 한다.

나도 사진 촬영이나 교육이 아니면 주로 앉아있는 행정 업무가 많고, 퇴근 후 마시는 맥주 한잔의 즐거움을 알기에 체력관리가 어려웠다. 아무리 체력단련시간이 있다 해도 업무가 많으면 생략하기 일쑤였고, 퇴근하고 운동을 하자니 귀찮은 걸 어쩌겠는가. 일 년에 한 번 돌아오는 체력측정도 부담이었다.

그래도 운동을 하고 싶다는 생각은 계속했다. 달리기, 헬스, 탁구, 테니스, 골프 등. 단지 시작을 안 했을 뿐, 항상 머릿속에는 '해야 한다.'와 '하고 싶다.'가 공존했다. 그러던 어느 날, 더는 미룰 수 없다는 생각에 무작정 달렸다. 다음 날은 체력단련실에서 헬스를 했다. 막상 해보니 오랜 시간이 걸리지 않았다. 달리기 30분, 헬스 1시간, 테니스 2시간. 오히려 주어진 상황에 맞게 운동을 골라 할 수 있었다. 자연스레 체력관리가 되고, 스트레스가 해소되니 업무가 더 잘됐다.

여기에 부대원들과 운동 취미가 비슷하다면 더욱 플러스가 된다. 전우애가 깊어지고 간단한 협조 업무들은 그 자리에서 해결된다. 일석삼조 효과다. 이렇게 장점만 가득한 운동, 하나씩 해보는 것도 좋지 않을까?

3. 주기적인 자가진단: 긍정적 사고, 행동, 습관

나는 지금 어떤 상태인가? 지쳐있는지, 힘든지, 나만의 힐링 방법은 있는지. 확인해본다. 마냥 앞만 바라보며 달려가는 사람은 금방 고꾸라지기 마련이다. 더 멀리 오래 달리려면 내가 어떻게 달리고 있는지, 내 체력이 어느 정도인지, 어떻게 회복하는지를 알아야 한다. 이를 대입해서, 주기적으로 내가 어떨 때 크게 실망하고 좌절하는지, 내가 부족한 부분은 무엇인지, 이를 채워넣을 수 있는 내 강점은 무엇인지 등 스스로 확인하는 시간을 가져야 한다. 가끔 나는 이렇게 자가진단을 해본다.

'이번에 새로운 프로젝트를 제안받았다. 재밌을 거 같은데? 일단 질러보자! 한 달만 바쁘게 살면 돼. 그래도 번-아웃이 오기 전에 다음 주 하루는 쉬어야겠다. 그래도 힘들면 잠시 멈추자. 무리하지 않아도 돼. 오로지 내 감정, 몸 상태에 따라주자. 잠시 쉰다고 인생이 무너지지 않아. 100세 인생 중 하루, 일주일 정도는 아무것도 아니지. 난 나를 믿어!'

이런 식으로 나 자신과 대화하는 시간을 가진다. 그렇게 다듬고 채워나간다. 오히려 번-아웃이 오면 한층 성장했다며 감사히 받아들인다. 나의 마인드컨트롤 비결이다.

과거에 했던 걱정과 고민은 지금 생각해 보면 아무것도 아니다. 미래의 나도 그럴 것이다. 왜 남들에겐 관대하면서 스스로에겐 그러지 못하는가. 조금 더 나를 믿고 사랑해보자. 좋은 사람들은 좋은 사람들을 알아본다. 우린 이미 잘하고 있다. 지금처럼 내가 할 수 있는 일을 꾸준히 해낸다면 충분히 더 멋진 사람이 될 것이다.

PART 03 》》

달리고 달리며 성장하는 군인

김 민 수

2023~2024년 연속 특급전사 달성
풀코스마라톤 2회 완주(2024 춘천마라톤 포함)
부대 내 '소확행 러닝크루' 운영

김민수 작가 소개

달리기라는 악연의 시작

숨이 턱 끝까지 차올랐고 입안에서는 피 맛이 났다.

결승점을 통과하고 다리에 힘이 풀린 나는 그 자리에 주저앉
았다. 그 당시에는 너무 창피해 숨겼지만 지금 와서 이야기하자
면 완주 후에 다리에 힘이 풀리면서 팬티에 오줌을 조금 지렸다.
그렇게 달리기와의 악연이 시작됐다.

10년 전 지극히 평범한 대학생이었던 나는 장교로 군에 입대
하기 위해 기본적인 체력시험에 통과해야만 했다. 체력시험 합
격 기준은 1.5km를 7분 이내에 달리는 것이었다. 평소에 운동을
즐기지 않던 내게는 큰 도전이었다. 다행히 유일한 무기였던 젊
음 덕분에 최저 합격선인 7분 안에 1.5km를 완주했지만, 결승점
을 통과한 후의 고통은 아직도 기억 속에 선명하게 남아있다. 너

무 고통스럽고 창피한 기억은 본능적으로 달리기를 싫어하게 되는 계기가 되었다.

애초에 나는 달리기와 거리가 먼 사람이었다. 달릴 이유도 없었고 그런 나에게 달리기는 그냥 힘든 운동, 자기가 자신을 힘들게 하는 고통스러운 행동이었다.

하지만 군인이 되겠다고 결심한 순간 더는 달리기를 멀리할 수 없었다. 장교는 5만 촉광에 빛나는 소위 계급장을 어깨 위에 달기 위해 최소 4개월의 준비 기간을 가진다. 그 과정에는 늘 달리기가 함께한다. 장교 후보생은 훈련 기간에 매일 아침 3km 구보를 하고 하루에도 수만 걸음을 걷는다. 그리고 최종적으로 임관을 하기 위해서는 대한민국 군인 체력등급 기준을 통과해야 한다.

표면적으로는 3급(3km 달리기를 15분 36초 이내 완주) 즉, 불합격과 합격을 가르는 기준만 넘으면 된다. 하지만 수십 명의 용사를 이끌 소대장으로서 소대원들보다 약한 체력은 나 자신이 용납할 수 없었다. 자연스레 후보생 시절 나의 목표는 달리기를 포함한 모든 체력 수준을 특급 수준으로 만드는 것이었다.

후보생 4개월의 시간 동안 꾸준히 운동하고 노력한 결과 임관

전 마지막 체력측정에서 팔굽혀펴기와 윗몸일으키기는 특급을 받았다. 하지만 달리기는 아니었다. 4개월 동안 매일 아침 달리고 힘든 훈련을 이겨내면서 몸무게도 10kg이나 빠졌지만 3km의 거리를 12분 30초 이내에 달린다는 것은 나에게 불가능한 일처럼 느껴졌다. 함께 훈련받고 동고동락하는 동기들은 어렵지 않게 달렸다. 오히려 동기생을 이끌면서 구호를 외치며 달렸다. 그런 모습을 보면서 '나는 왜 안 될까?'라는 열등감에 휩싸였다.

이런 상황에서 입대 전 시행했던 체력시험처럼 최종 평가에서도 입안에서 피 맛이 날 정도로 최선을 다해 달렸지만, 목표했던 특급 수준을 달성하지 못했다. 결국 임관하는 순간까지 나의 달리기 실력은 1급 수준에 머물렀다. 그렇게 나는 어딘가 찜찜한 기분으로 임관을 했다. 이 정도 달리기 실력으로는 소대원을 이끌고 아침 구보를 할 자신이 없었기 때문이다.

이후 나는 소대장 직책을 받고 자대 생활을 시작했다. 막내 소대장에게는 최우선 임무가 있다. 그건 바로 소대원들과 하루 빨리 친해지는 것이다. 소대장이 소대원과 가장 빨리 친해질 방법은 역시 몸으로 부딪히는 것이었다. 나는 축구에 소질이 없었고 자연스레 소대원들과 함께할 수 있는 활동은 달리기뿐이었다. 입대 전부터 임관하는 순간까지 나를 괴롭혔던 달리기가 아이러니하게도 소대장으로서 소대원들과 이어주는 다리가 된 것이다. 매일 아침 점호 때와 오후 체력단련 시간에 함께 달렸다. 내가 구령을 맞추면 소대원들은 발맞춰 뛰었다. 소대원들은 고맙게도 나의 지휘에 잘 따라줬다. 하지만 소대원 중에는 역시 나보다 체력 좋은 친구들이 있었다. 나는 그 친구들에게 따로 먼저 달리라고 했다. 겉으로는 내가 더 많은 소대원을 평균적인 속도로 이끌고 갈 테니 더 빨리 달리고 싶은 인원은 각자 속도에 맞춰 달리라고 한 것이지만 사실은 그들을 데리고 뛸 자신이 없었다. 1급 수준의 달리기 실력을 갖춘 사람이 특급 수준의 달리기 실력을 갖춘 사람을 이끌고 뛴다는 것이 얼마나 웃긴 일인가.

이대로는 안 되겠다는 생각이 들었다. 끈질기게 이어지는 달리기와의 악연을 끊을 필요가 있었다. 그 방법은 내 달리기 실력을 특급으로 만드는 것이었다. 그래야 소대원들 앞에서 당당할 수 있고 어떤 상황에서도 제일 앞에 나설 수 있으리라 생각했다.

여기까지 생각이 닿고 나니 도움이 절실히 필요했다.

그래서 부대 내에서 도움을 받을 수 있는 사람을 찾았다. 운 좋게 우리 부대에는 마라톤을 취미로 하는 간부가 있었다. 그분은 폭발물처리반 소속이었는데 도움을 요청하기 위해 폭발물처리반 문을 두드리는 순간까지도 '내가 이분에게 도움을 요청한들 특급전사가 될 수 있을까?'라는 의심을 거두지 못했다. 괜히 준비도 없이 폭발물을 건드리는 것처럼 위험한 행동을 하는 건 아닐까 하는 생각이 들었다. 하지만 나의 걱정은 기우에 불과했다. 달리기 스승님은 도움 요청을 흔쾌히 승낙했고 이는 내 달리기의 기폭제 역할을 했다. 그렇게 즉각적인 변화가 일어났다.

마라톤이라는 취미를 가지고 달리기를 하는 사람은 확실히 달랐다. 내가 지금까지 했던 건 달리기보다 자기학대에 가까웠다. 스승님은 달리기가 단순히 두 다리를 움직이는 것으로 끝나는 것이 아니라는 사실을 알려줬다.

팔 동작, 호흡, 그리고 달리기 전, 후 스트레칭과 보강 운동의 중요성 등을 배웠다. 이러한 지식 없이 무작정 달리기만 했던 나는 아팠고 실력도 늘지 않았던 것이다. 하지만 제대로 알려주는 스승이 옆에 생기자 나의 달리기 실력은 조금씩 나아지기 시작했다. 매일 저녁 따로 3km 정도 부대 진입로를 달렸다. 오르막과 내리막이 반복되는 진입로를 달리며 제대로 된 호흡법과 자세를 익혔다. 확실히 전보다 덜 힘들면서도 더 빨리 뛸 수 있었다.

이렇게 꾸준히 연습하면 나도 특급전사가 될 수 있겠다는 생각이 들었다. 매일같이 훈련을 했기 때문에 근거 있는 자신감이 하늘로 치솟았다. 달리기 특급 기준인 12분 30초는 물론 컨디션이 좋으면 11분대에도 들어올 수 있지 않을까 하는 오만함까지 생겼다.

특급전사 도전기

12분 45초.

절망적이었다.

특급전사에 도전하는 체력시험 3일 전, 자체 측정한 3km 달리기 기록이다. 최선을 다했지만 달리기 특급을 받기 위해서는 10초 이상 시간을 줄여야 하는 상황이었다. 남은 3일이 너무 짧게 느껴졌다. 달리기 스승님은 자신을 믿으라고, 충분히 해낼 수 있다고 응원했지만 정작 나는 실패할지도 모른다는 두려움에 휩싸였다. 특급전사를 달성하기 위해 고통을 감내하며 지내온 시간이 떠올랐기 때문이다.

달리기 실력을 특급으로 만들겠다고 다짐하고 폭발물처리반

문을 두드린 후, 나는 연습에 매진해왔다. 달리기 실력을 올리는 데 가장 중요한 건 꾸준히 뛰는 것이다. 아무리 좋은 재능을 가진 사람도 행동하지 않으면 아무것도 얻을 수 없는 것이 삶의 진리다. 심지어 나처럼 달리기에 재능이 없는 사람이 높은 목표를 달성하기 위해서는 더 큰 노력이 필요했다. 매일 아침 점호 때 달리는 것은 꾸준히 달리는 습관을 만드는 데 큰 도움이 됐다. 하지만 주된 훈련은 아니었다.

본 훈련은 오후 체력단련 시간 또는 일과시간 이후에 진행됐다. 훈련은 달리기 전 스트레칭부터 시작된다. 배우기 전 나에게 준비운동은 맨손체조가 전부였다. 물론 맨손체조도 몸을 예열하고 본 운동을 시작하기 전 좋은 운동이지만, 안전하게 달리기를 위해서는 다소 특수한 스트레칭이 필요하다. 손목, 발목을 천천히 늘려주고 허리와 무릎처럼 달리면서 충격을 받는 부분을 부드럽게 해준다. 추운 날에는 몸이 더욱 경직되어 있으므로 스트레칭에 더 많은 시간과 정성을 할애해야 한다. 그리고 가장 중요한 사항은 스트레칭을 하면서 몸에 이상이 있는지 사전에 판단하는 것이다. 스트레칭을 할 때 유독 무릎이 아프다면 달릴 때 그 부분에 온 신경을 집중하면서 달려야 한다. 정확히 말하자면 달리다가 아픈 부분이 있다면 달리기를 멈춰야 한다. 부상은 달리기에 있어서 가장 큰 적이다. 달리기 전 스트레칭을 통해 부상을 예방한다는 것은 이런 의미다.

특급전사라는 목표를 달성하기 위해 부상을 예방하는 것이 훈련의 시작이다. 스트레칭 방법은 간단하다. 유튜브에 수많은 영상 중 나와 맞는 영상을 찾아 따라 하면 된다. 단, 충분한 시간을 들여 스트레칭을 해야 한다는 사실만 기억하면 된다.

스트레칭을 마치고 달리기 훈련을 시작하면 첫 번째로 찾아오는 고비가 바로 호흡이다. 어찌나 숨이 차오르는지 정말 이러다 죽는 건 아닐까 하는 생각이 든다. 강하게 표현하자면, 딱 죽기 직전까지 뛰면 특급을 달성할 수 있을 것 같았다. 하지만 내가 원하는 건 숨이 넘어가도록 뛰어서 특급을 달성하는 것이 아니었다. 제대로 호흡하며 뛰어서 제시간 안에 결승점에 도착하는 것이었다. 호흡법은 다양하다. 그중 나와 가장 잘 맞는 호흡법은 코로 숨을 들이쉬고 입으로 숨을 내뱉는 통칭 "습습-하" 호흡법이었다. 달리기 스승님은 자신에게 맞는 호흡법을 찾는 게 중요하지만 결국은 호흡에 리듬이 있어야 한다고 알려주었다.

'습!습!'

왼발과 오른발이 움직이는 타이밍에 맞춰 코로 2번 숨을 들이쉰다.

'하~'

다시 왼발과 오른발이 움직이는 타이밍에 입으로 길게 숨을 내쉰다.

'습!습!, 하~, 습!습!, 하~'

이걸 계속 반복한다. 이 책을 읽으면서 한번 따라 해 보자. 왼발과 오른발이 움직이는 상상만 했을 뿐인데, 이 호흡법을 통해 일정한 리듬을 느낄 수 있다.

12분 30초라는 짧은 시간 동안 격렬하게 달리며 호흡을 유지하는 것은 현실적으로 불가능하다. 하지만 계속 호흡을 놓치지 않기 위해 노력하면 리듬을 유지하게 되고 자연스럽게 달릴 수 있다. 경험상 3km 달리기를 특급 수준으로 달릴 때 마지막 500m 구간에서는 더는 코로 숨을 쉬지 못하고 입으로 큰 숨을 들이쉬고 내뱉는다. 그리고 마지막 100m 구간은 숨을 참고 전력 질주를 한다. 약 20초 정도는 숨을 참아도 죽지 않는다는 사실을 훈련을 통해 알게 되었기 때문이다.

호흡과 리듬을 배웠다면 다음으로 신경 써야 하는 것이 자세다. 팔은 약 90도가 되도록 굽히고 가슴과 겨드랑이 간격은 가능한 한 좁힌다. 주먹을 쥘 때는 손안에 깨지기 쉬운 달걀을 쥐고 있다고 생각한다. 어깨는 의식적으로 힘을 푼다. 팔을 흔들 때는 앞으로 보낸다기보다는 뒤로 보냈다가 반작용으로 자연스럽게 앞으로 오게 하는 것이 중요하다. 스승님은 이게 팔치기의 기본이라고 했다. 달리기는 다리로만 하는 것으로 생각했던 나에게 팔 동작이 이렇게 중요하다는 사실은 스승님의 가르침이 없었다면 알지 못했을 것이다. 실제로 특급전사 달리기를 하면 달리기 후반부 2km 지점을 지나면서 팔치기에 신경을 써야 페이스가 줄어들지 않는다. 마지막 전력질주 구간에서는 오히려 팔치기를 통해 더 큰 추진력을 얻을 수 있다.

마지막으로 스승님은 달리기 주법을 알려줬다. 달리기 주법은 체형에 따라 달라진다. 보폭은 짧게 대신 발을 부지런히 움직이는 피치 주법과 보폭을 길게 함으로써 한걸음에 긴 거리를 뛰어가는 스트라이드 주법을 배웠다. 나는 한 가지를 선택해야 한다고 생각했다. 키가 작아서 피치 주법을 선택했고 연습했다. 하지만 한 가지 주법만 고집한 건 바보 같은 선택이었다. 달리다 보면 필연적으로 내리막을 달린다. 내리막을 달릴 때는 속도를 유지하면서 무릎에 무리가 가지 않게 뛰는 것이 중요하다. 그래서 피치 주법을 사용하는 게 좋다. 또한, 3km 달리기처럼 일정한 거리를 제한 시간 내 달릴 때는 전력질주를 해야 할 때가 있다. 이때는 보폭을 길게 달리는 스트라이드 주법이 적합하다. 이렇게 주법을 배우고 훈련하면서 상황에 맞게 적용할 수 있었다.

본 측정 3일 전, 자체 측정에서 원하는 결과를 얻지 못한 나는 실패할지도 모른다는 두려움을 이겨내기 위해 남은 시간 동안 휴식과 이미지 트레이닝에 집중했다. 3km 달리기 코스를 머릿속에 띄워놓고 12분 30초를 분 단위로 쪼개서 상상했다.

처음 1분은 호흡을 안정적으로 가져가면서 뛰고 4분이 지난 시점에는 1km 구간에 있는 나무를 지나고 있다. 1km 이후 내리막 구간이 500m 이어지는데 여기서는 보폭을 짧게 하고 오버페이스 하지 않도록 주의하면서 달린다. 반환점을 지나 500m 오르막 구간에서 호흡을 놓치지 않도록 유의하되 2km 구간을 8분 안에 지날 수 있도록 속도를 유지한다. 2.5km 구간을 지날 때더는 코로 숨을 쉬는 게 힘들어진다. 입으로 숨을 쉬고 리듬을 놓치지 않는 데 집중한다. 마지막 100m를 남긴 시점에서 시계를 확인한다. 아직 시간이 12분이 안 되었다면 성공을 예상해도 좋다. 마지막 100m는 숨을 참고 전력을 다해 달린다.

측정 당일, 컨디션 관리에 신경을 많이 썼다.

전날 일찍 잠자리에 들었고 아침으로 바나나 한 개와 초코파이 하나를 먹었다. 달리기 1시간 전 박카스를 마시고 30분 전 화장실에 다녀왔다. 그리고 떨리는 심장을 달래면서 출발했다. 결승점을 통과했고 역시나 숨은 턱 끝까지 차올랐으며 입안에서는 피 맛이 났다. 결과는

12분 26초.

특급이다.

마라톤 그게 뭔데

우여곡절 끝에 특급전사가 된 나는 달리기가 즐거워졌다. 달리기는 이제 나를 힘들게 하는 장애물이 아니라 내 자부심으로 변했다. 그러더니 갑자기 내 머릿속에 세 글자가 떠올랐다.

'마라톤'

자연스럽게 마라톤이라는 취미에 관심이 생겼다. 그리고 새로운 목표를 설정했다.

하프마라톤 대회에 참가하기.

특급전사 달성이라는 성공을 맛본 후 본격적으로 마라톤을 시작한 나는 첫 번째 도전을 준비했다. 달리기에 자신감이 붙고

몇 차례 10km 마라톤 대회에 참가하니 자연스럽게 그다음 단계인 하프마라톤을 뛰어보고 싶었다. 하프마라톤은 42.195km 풀코스마라톤의 절반인 21.0975km를 달리는 마라톤 종목이다.

준비 과정은 어렵지 않았다. 달리기 스승님이 운영하고 있던 부대 내 달리기 동아리 '한마음 러닝크루'와 함께 뛰었다. 평일 체력단련 시간을 활용해 4km 달리기를 꾸준히 했다. 주말에는 부대 내 8~12km 달리기 코스를 설정하고 함께 달리면서 코칭을 받았다. 달리기를 마치고 나면 스승님이 준비한 초콜릿과 과일, 음료를 마시며 어떻게 하면 더 즐겁게 달릴 수 있을지 이야기를 나누었다. 그렇게 함께 달리기만 했을 뿐인데 한 달에 누적 달린 거리 100km를 달성할 수 있었다.

시간을 차곡차곡 쌓은 후 출전했던 첫 하프마라톤 대회 결과는 1시간 50분대 완주였다. 처음치고는 좋은 성적이었다. 하지만 문제는 그 이후였다. 하프마라톤을 한참 즐겁게 뛰다가 20km 지점, 결승점이 1km 정도 남은 지점에서 다리에 쥐가 났다. 무릎에는 참을 수 없는 통증이 심하게 느껴졌다. 지금 당장 멈추라는 몸의 신호. 그러나 완주하고 싶다는 욕심은 신호를 무시한다. 통증을 무시한 채 남은 거리를 뛰었다. 결과는 참담했다. 다음 날 출근길에 계단을 올라가지도 못할 정도의 통증이 찾아왔다. 병원 진료 결과 무릎 주변 연골이 찢어져 최소 한 달간 달리기 금지라는 진단을 받았다. 그렇게 나는 '아, 나의 마라톤 인생은 여기가 끝인가보다.'라고 생각했다. '앞으로 무리한 달리기는 하지 말고 3~5km 정도 거리를 꾸준히 뛰면서 건강하게 지내자.'라고 생각하며 한동안 마라톤과 멀어졌다.

하프마라톤 대회 참여 후 5년 동안 마라톤 대회에 참가하지 않았다. 매년 체력측정은 받아야 했기에 달리기는 꾸준히 했지만 매년 특급전사를 달성하는 것은 힘든 도전이었다. 몸무게도 5년 전과 비교하면 10kg이 늘어나 있었다. 지휘관 시절에는 용사들과 함께 달리고 훈련하면서 자연스레 활동량이 많았다. 하지만 연차가 쌓이고 참모 직위에서 임무 수행하다 보니 늘어나는 뱃살을 감당하기가 힘들었다. 컴퓨터 앞에 앉아있는데 전투복 허리띠가 배를 압박해 소화불량까지 생기는 수준까지 이르렀다. 다시 달려야겠다고 생각했다. 처음 목표는 다가오는 체력측정 때 편하게 특급을 받을 수 있는 실력을 만드는 것이다. 그리고 매일 아침, 달리기 시작했다.

매일 달리기 위해서는 제일 먼저 해야 하는 것이 있다. 달릴 시간을 확보하는 것이다. 나에게는 아침이 달릴 수 있는 시간이었다. 소대장 시절에는 병력과 함께 아침 점호를 참여하고 같이 뛰었다. 그리고 결혼을 한 지금은 아내와 아이가 잠들어 있는 새벽 시간을 활용해 달린다. 늦잠을 자거나 아침에 달릴 수 있는 충분한 시간이 없을 때는 출근길에 부대까지 뛰어간다.

아침에 달리면 좋은 점이 있다. 하루를 성공적으로 시작할 수 있다는 점이다. 아침 달리기는 매일 아침 나를 괴롭히던 '더 자고 싶다.'라는 생각을 물리치고 아주 작은 성공의 경험을 선물해준다. 그 성공의 경험이 얼마나 달콤한지 지금은 중독이 된 것 같다. 아침 일찍 일어나 달리기를 해야 하니 전날 밤에 야식도 안 먹고 일찍 자게 된다. 이전에는 '왜 아침에 일어나지 못할까.'에 대해 고민했다면 지금은 '어떻게 하면 아침에 일찍 일어날 수 있을까.'를 고민하며 아침에 달릴 수 있는 시간을 확보하기 위해 노력한다. 이렇게 매일 달리기를 하면서 문득 궁금해졌다.

마라톤과 달리기의 차이는 뭘까?

마라톤과 달리기 모두 운동의 한 형태다. 그중 마라톤은 공식적으로 42.195km의 거리를 달리는 운동이다. 장거리달리기에 속하기 때문에 체력과 지구력 그리고 정신력이 있어야 한다. 이와 다르게 달리기는 다양한 거리에서 이루어질 수 있다. 짧게는 100m에서 길게는 100km까지 다양하다.

군인의 삶도 마라톤과 닮아있다. 때로는 짧은 거리를 집중해서 달려야 할 때도 있지만 대부분 시간은 꾸준히 쌓아온 체력과 지구력 그리고 불굴의 정신력으로 나아가야 한다.

"인생은 마라톤이다."

인생에 대해 말할 때 흔히 사용하는 말이다. 인생은 마라톤이라는 말은 인생이 그만큼 길다는 의미이기도 하다. 나는 매일 달리기를 하면서 체력을 키우고 지구력을 쌓으며 정신을 똑바로 차리지 않으면 완주하지 못한다는 가르침을 얻었다.

그렇게 매일같이 달리면서 또 한 번 새로운 목표가 생겼다.

그건 바로 풀코스마라톤 완주였다.

42.195km 마라톤 완주가 나에게 준 선물

꾸준함이 답이고 지름길은 없다.

이 사실을 깨달은 이후 풀코스마라톤 완주라는 목표를 달성하기 위해 훈련을 시작했다. 하지만 하프마라톤 완주 도전 때와는 다르게 '빨리 달리는 것'을 목표로 하지 않았다. 대신 부상 없는 완주를 목표로 잡았다.

42.195km라는 거리는 내가 살면서 한 번도 뛰어보지 못한 거리였다. 그 거리를 뛰면서 무슨 일이 발생할지 몰랐다. 그리고 5년 전 하프마라톤 이후에 부상을 또 경험하고 싶지 않았다. 그래서 공부하며 뛰기 시작했다. 하지만 이번에는 달리기 스승님의 도움을 받기 힘든 상황이었다. 다른 부대에 근무하고 있었고 거리도 너무 멀었다. 그래서 나는 새로운 스승님을 찾았다.

요즘은 유튜브에 달리기 관련 정보가 넘쳐난다. 그중 나는 '마라닉TV'라는 채널을 구독하고 있다. 채널에는 부상 없이 달리기 위한 정보와 초보가 인생 첫 풀코스마라톤을 완주하기 위한 가이드가 제공됐다. 나는 특유의 성실성을 기반으로 유튜브에서 알려준 훈련 프로그램을 착실히 수행했다. 스트레칭을 하라고 하면 스트레칭을 했고 10km를 달리라고 하면 10km를 달렸다. 그리고 쉬라고 하면 쉬었다. 그게 다였다. 그리고 이러한 활동들을 함께 달리는 사람들과 공유했다.

온라인 커뮤니티에 소속되어 달리는 것은 풀코스마라톤을 준비하는 나에게 많은 도움이 됐다. 해당 커뮤니티에서는 기본적인 훈련 프로그램을 제시해주었다. 그리고 훈련 프로그램을 이행하고 나면 인증을 해야 했다. 달린 거리를 GPS로 확인해서 표시해주는 러닝 어플을 활용했다. 단순히 프로그램을 따라 하고 인증하는 행위 속에서 많은 사람의 응원을 받았다. 오늘은 몇km를 뛰었고, 뛰면서 어떤 느낌이 들었는지 내 생각을 쓰니 많은 사람이 응원과 함께 본인의 경험도 공유해줬다. 처음에는 얼마만큼의 노력을 쌓아가고 있는지 확인하기 위해 시작한 인증하기가 함께 달리는 사람들과 연결되는 다리가 된 것이다.

함께 달리는 것은 중요하다. 나는 무언가를 시작하고 도전하는 것을 좋아하지만 꾸준히 하는 것에는 재능이 없었다. 하지만 달리기를 10년 동안 지속할 수 있었던 비결은 바로 주변 사람들과 함께했기 때문이다. 소대장 시절 한마음 러닝크루원과 함께 달릴 때도 그랬다. 함께 뛰면서 서로를 응원해주고 힘을 전달해줬다. 당시 같이 근무했던 부대원과 지금 만나면 그 시절 함께 달리고 마라톤 대회에서 즐겼던 추억을 아직도 이야기한다. 참 좋은 기억이 아닐 수 없다.

풀코스마라톤 완주는 쉬운 일이 아니다. 하지만 언제 어디서든 함께 달린다면 누구나 할 수 있다고 생각한다. 그렇게 나는 5개월 동안 훈련을 마치고 마라닉TV에서 주최하는 '대구경북 마피아런' 풀코스 부문에 참가했다. 비공식 대회였지만 인생 첫 풀코스마라톤에 출전해 6시간 가까운 시간을 달리며 결승점에 들어왔다. 사실 그날 달린 많은 사람 중 거의 꼴찌에 가까운 시간으로 완주했다. 결승점에서 꽃다발을 들고 기다려준 아내와 딸아이를 보는 순간 눈물이 왈칵 쏟아질 뻔했다. 그리고 나처럼 평범한 사람도 조금씩, 꾸준히 준비하면 풀코스마라톤을 완주할수 있다는 자신감을 얻었다. 다행히 목표했던 '부상 없이 완주'하기에 성공한 나는 바로 이어서 2024 춘천마라톤에 도전했다.

다시 5개월 동안 뜨거운 태양 아래서 꾸준히 달렸다. 새벽에 일어나 몸을 풀고 달리기를 하고 같이 달리는 사람들과 경험을 나누었다. 그리고 가을의 전설로 불리는 춘천마라톤을 뛰었다.

4시간 51분 12초.

그렇게 나는 '풀코스마라톤 5시간 이내 부상 없이 완주'라는 또 다른 목표를 달성했다.

이날 가장 기억에 남는 장면은 대회 종료 후 받은 사진 한 장이었다. 마라톤을 뛸 때 가장 괴롭고 힘든 순간이 38km 구간이라고 한다. 38km 구간을 지나며 찍힌 사진 속 나는 활짝 웃고 있었다. 가장 힘든 순간에도 웃음 지을 수 있을 정도로 강한 사람이 되었다고 느낀 순간이었다.

달리기 시작하고 실패를 경험하고 다시 도전하고 성공을 반복하면서 달리기는 나에게 선물을 주었다. 그 선물 상자 안에는 이런 메시지가 있었다.

"인생의 지름길은 없으니 꾸준히 내가 할 수 있는 것을 하라."

제대로 준비되지 않은 도전은 실패와 부상을 가져온다. 목표를 설정할 때는 내 수준을 명확히 알고 그에 맞는 결승점을 정하는 것이 중요하다. 그래야 지속 가능한 내일을 생각할 수 있다. 나는 춘천마라톤 완주 이후 '2025 동아마라톤'에 도전한다. 목표는 역시 부상 없는 완주다. 그리고 하나 더 추가하자면 그다음 마라톤 대회에 참석하고 싶다는 마음이 들도록 즐거운 달리기를 하는 것이다. 어차피 인생의 지름길은 없으니 내가 달리는 이 길을 즐거움으로 가득 채우는 것이 내가 할 수 있는 유일한 방법이다.

천천히 그리고 꾸준히 달리는 사람

매일 1% 성장한다는 것이 무슨 의미가 있을까.

매일 팔굽혀펴기를 1개씩만 늘리면서 꾸준히 하는 것을 생각해 보자. 현역으로 근무하는 군인이라면 누구나 팔굽혀펴기 1개를 할 수 있을 것이다. 그리고 다음 날에는 2개, 3일 차에는 3개. 누구나 할 수 있다. 의지만 있다면 말이다. 하지만 어느 순간 한계에 도달한다. 매일 1개씩 늘려가던 팔굽혀펴기 개수가 더는 안 늘어나는 시점이 온다. 1차 한계 지점이다. 그때 이런 생각을 한다.

나는 매일 1%씩 성장한 게 아니다. 처음에는 100% 성장했고 2일 차에는 50% 성장했고 3일 차에는 33% 성장했다. 성장의 진폭은 줄어들었지만 매일 1%보다 훨씬 높은 수준의 성장을 하고 있었다. 1차 한계에 도달한 시점이 만약 30개였다면 그날부터는 30개의 1% 즉 0.3개만 매일 늘려가면 된다. 30일 차부터는 매일 1개씩이 아니라 3일에 1개씩만 늘려가면 매일 1%의 성장을 달성할 수 있다. 이렇게 생각하고 꾸준히 행동하면 특정 시점(약 6개월 후)이 되면 한 번에 팔굽혀펴기 72개라는 특급 수준의 체력 실력을 갖출 수 있다. 이것이 내가 생각하는 매일 1% 성장하는 것의 놀라운 힘이다.

나는 달리기를 하면서 조금씩 꾸준히 성장했다. 매일 어제보다 1% 더 나은 사람이 되겠다고 생각하며 달렸다. 풀코스마라톤에 도전할 때도 마찬가지였다. 부상 없이 5시간 이내에 완주하겠다는 목표를 수립했다. 그리고 이 목표를 달성하기 위해 나에게 주어진 시간과 나의 훈련 프로그램을 세세하게 나눠 분석 후 계획을 수립했다.

42.195km를 쉽게 40km라고 가정하고 5시간 이내 완주하려면 10km를 75분 이내에 달려야 한다는 계산이 나온다. 그리고 10km를 75분 안에 완주하려면 1km를 7분 30초 안에 뛰면 된다. 기준을 정하고 팔굽혀펴기를 할 때처럼 매일 거리를 늘려가며 1차 한계에 도달할 때까지 반복했다. 1일 차에는 1km를 7분 30초에 달리고 2일 차에는 2km를 15분 동안 달렸다. 그렇게 약

2달의 시간이 흐른 뒤 30km를 3시간 45분 안에 달리는 것을 목표로 한 날, 1차 한계에 부딪혔다. 20km 지점부터 무릎에 작은 통증이 발생하더니 28km 구간부터는 7분 30초 페이스는커녕 걷기조차 힘들 정도의 통증이 몰려왔다. 이때부터는 문제의 원인을 분석하기 시작했다. 매일 달리기를 하면서 누적된 피로는 30km라는 장거리를 달리면서 한계치를 넘어섰고 따로 실시하지 않았던 보강 운동의 부재로 무릎 부상을 초래한 것이었다. 이러한 시행착오를 거치면서 결국 해보지 않으면 알 수 없었던 사실들을 알아갔다. 결론적으로 나는 1년에 2번의 풀코스마라톤을 준비하면서 각각 150일이라는 시간을 확보했다. 그 시간 안에서 매일 1% 성장한다는 마음가짐과 함께 매일 달리는 거리를 늘리는 것에 집중하기보다 꾸준히 우상향을 그리는 그래프 속에서 휴식과 보강 운동을 병행했다. 그렇게 목표를 달성할 수 있었다. 매일 성장하는데도 요령이 필요하다는 것을 알게 되었다.

일정한 속도로 한참 달리다 보면 이런저런 생각이 떠오른다. 그러다 운이 좋으면 내 마음속 깊은 곳과 대화할 수 있다. 나 또한 그런 경험이 있다. 내 마음이 나에게 이렇게 이야기했다.

나는 성장에 목마른 사람이구나. 늘 성장하는 것을 갈구했고 성장 속에서 성취감을 느끼고 있구나.

그런데 매일 성장하려고 하다 보니 어느 순간부터 시간이 부족하다는 느낌을 받았다. 부대 업무를 해야 했고 아침에는 달렸으며 저녁에는 육아를 병행했다. 이런 상황에서 도저히 독서를 하거나 영어공부를 통한 성장의 시간이 나질 않았다. 그러던 어느 날 유튜브 영상 속에서 구글 임원까지 했던 '로이스 김'님의 이야기를 들었다.

"나는 구글 임원으로 지내면서 매일 4시간을 자면서도 하루 1시간 달리기는 꼭 했습니다. 그리고 달리면서 영어로 된 오디오북을 들으면서 영어공부와 좋아하는 독서를 병행했죠."

이 말을 듣는 순간 머리를 망치로 한 대 얻어맞은 기분이었다. 나는 왜 이런 생각을 못 했을까.

달리다 보면 처음에는 숨이 턱 끝까지 차오르지만, 어느새 호흡이 안정된다. 그리고 아무런 생각이 없어지고 평온한 상태가 된다. 이 평온한 상태가 좋아 달리기를 하는 사람도 많다. 하지만 이 순간이 1~2시간 동안 유지되는 건 지루한 일이다. 이때 평소 관심 있던 책을 오디오북으로 들으면 평소보다 더욱 명확하게 내용이 들린다. 달리기와 독서를 같이 하는 것이다. 그리고 회복을 위해 천천히 달려야 하는 날, 컨디션이 너무 좋아 나도 모르게 달리기 속도가 빨라질 때가 있다. 이럴 때 나는 공부하고 있는 영어문장 하나를 100번 반복해서 외치면서 달린다.

'Success is the sum of small efforts.'
(작은 노력들이 모여 성공이 된다.)

이 문장을 100번 입 밖으로 외치면서 달리면 자연스레 숨이 차고 달리는 속도가 느려진다. 의도한 대로 천천히 뛰면서 영어 공부까지 할 수 있다. 누군가 이렇게 달리는 내 모습을 봤다면 '미친 사람인가' 하고 생각할 것이다.

그렇다.

나는 미친 사람이 맞다.

달리기에 꽂혀 매일 1% 성장하는 것에 미친 사람.

나는 오늘도 운동화 끈을 고쳐매고 달리러 나간다.

PART 04 》》》

루틴: 나를 바꾸는 가장 탁월한 방법

박 찬 웅

출간(1권), 회전익 조종사, 평생교육사
수필가, 문학대전 금상 등 다수 입상
독서지도사, 독서논술지도사
도서 인플루언서, 〈책읽는 조종사〉

박찬웅 작가 소개

새로운 분야로의 도전

　루틴이 내 삶을 지배한다. 단순히 행동을 반복한다고 해서 루틴이 완성되지 않는다. 루틴은 원하는 삶을 이루기 위해 스스로 설계하고 실천하는 과정이다. 새로운 분야에 도전하며 생겨난 열망이 루틴의 시작이고 나를 움직이게 한다. 도전 없이는 루틴을 세울 수 없다. 꿈을 이루고자 하는 갈망이 계획을 만들고, 그 계획이 곧 루틴이 된다.

　처음부터 체계적인 루틴을 세우진 않았다. 시행착오를 겪었고, 좌절도 경험했다. 장교가 되기 위해 9번의 탈락을 경험했지만, 결국 포기하지 않고 꿈을 이뤘다. 실패를 거듭하며 얻은 교훈이 있다. 결과가 어떻든 준비하는 과정이 남는다는 점이다. 그 과정들이 쌓이고 쌓여 지금의 나를 만들었다.

어릴 적부터 하고 싶은 게 많았다. 장래 희망은 자주 바뀌었지만, 그때마다 나를 움직인 것은 도전하고자 하는 열정이었다. 열정을 바탕으로 루틴을 만들었다. 초등학생 때 꿈은 과학자였다. 과학상자로 큼직한 헬리콥터를 만든 기억이 또렷하다. 건전지를 넣고 작동시키니 로터가 큰 소리를 내며 돌아갔다. 파일럿이 되고 싶은 마음이 들었지만 이내 접었다. 그 시기엔 달리기에 푹 빠져 있었다.

육상선수를 꿈꿨다. 단거리 달리기와 멀리뛰기가 주 종목이었다. 육상부에서 체계적인 운동 루틴을 배우며 꾸준히 실천했다. 학교 대표로 육상대회에 나갔고 시 대표에 선발됐다. 대회를 준비하던 어느 날, 발목이 시큼시큼 아파 왔다. 계속된 연습에 발목 성장판을 다쳤고 키는 또래에 비교해 점점 작아졌다. 비염도 심하여 호흡곤란과 구토를 빈번하게 했다. 결국 육상선수의 꿈을 접었다.

운동을 관두고 나선 공부에 몰두했다. 진학한 중학교에서는 모든 과목을 영어로 수업했다. 외교관이라는 새로운 꿈이 생겼다. 다만, 학비 부담이 컸다. 전업주부셨던 어머니가 일을 시작하셨다. 남모르게 기숙사에서 운 적도 많다. 이렇게까지 학교에 다니고 싶진 않았다. 학교를 관두고 검정고시를 준비했다. 검정고시에 합격 후, 기독교 특성화 고등학교에 진학했다. 홈스쿨링을 하며 찾아온 외로웠던 마음의 공백을 메웠다. 오케스트라와 앙상블, 밴드부에 들어가 전국 관악대회 등에서 입상을 했다. 부학생회장과 학생회장을 역임하며 보람찬 학교생활을 했다. 여러 동아리 활동과 내신 관리를 하기 위해선 철저한 자기 관리가 필수였다. 우선순위를 정해 루틴을 세우고 하나씩 실천했다.

군종장교라는 새로운 꿈도 생겼다. 군인이신 아버지와 전도사이신 어머니를 동경해 군인이자 목사인 군종장교가 되겠다는 새로운 목표를 세웠다.

신학교를 비롯한 다섯 군데 대학에 합격했다. 대학은 신학교가 아닌, 일반 대학에 진학했다. 대학교 캠퍼스 생활은 더할 나위 없이 좋았다. 축구 동아리에도 들어가 인문대에서 준우승을 거머쥐었다. 학과에선 과대표, 부학생회장을 역임하며 바쁘게 보냈다. 그러나 군목 시험엔 낙방했고 꿈을 놓치게 되었다. 이 또한 나를 향한 원대한 계획이 있으리라 생각하며 위기를 기회로 삼았다. 복수전공을 선택해 새로운 도전을 시작했다.

평생교육학을 복수전공하며 새로운 가능성을 탐색했다. 평생교육 관련 수업이 적성에 맞았다. 덕분에 모든 수업에서 우수한 성적을 받고 성적 장학금까지 받을 수 있었다. 평생교육사 실습은 영재교육 기관에서 했다. 졸업 후 곧바로 영재교육 강사가 되고 싶었지만, 군대를 해결해야 했다. 아버지처럼 장교로 가고 싶은 마음을 계속 품고 있었다. 학사장교에 꾸준히 지원했고 육군과 해군 장교에 최종 선발됐다. 그것도 항공(조종)병과로 말이다. 어릴 때 막연히 동경했던 헬리콥터 조종사라는 꿈이 이렇게 실현될 수 있다니 놀라웠다. 육군 학생군사학교를 자진 퇴교하고 항공병과로 합격한 해군에 재입대했다.

조종사가 되기까지의 여정은 쉽지 않았다. 비행에 대한 지식이 전혀 없었기 때문에 루틴을 세워 기초를 다졌다. 비행 계획이 잡히면 머리로 상상하는 비행인 '머리 비행'을 꾸준히 했다. 시동을 거는 것부터 착륙하기까지 몇 번이고 되새겼다. 머리 비행은 비행 기량을 늘리기 위한 탁월한 방법이다. 비행 교육에 함께 들어온 몇몇 동기들이 중도 포기를 하거나 탈락했다. 최종적으로 절반의 인원만 수료했다. 당당히 그 안에 포함될 수 있었다. 나만의 루틴을 세워 철저히 지킨 결과이다.

군 생활 중에도 계속 배우고 도전했다. 독서를 통해 다양한 분야를 간접적으로 경험했다. 독서를 꾸준히 이어간 덕에 SNS에선 독서 관련 인플루언서로 자리 잡았다. 독서는 단순한 취미를 넘어 루틴으로 자리 잡았다. 책을 읽으며 얻게 된 통찰은 글을 쓰는 원동력이 되었고, 이는 또 다른 도전으로 이어졌다.

한 번 주어진 인생, 좋아하는 걸 계속 찾고 경험하고 싶다. 원하는 전부를 이룰 수는 없다. 어느 정도의 타협이 필요하고 현실적인 부분도 생각해야 한다. 그러나 꿈을 꾸면 언젠가 그 꿈을 실현할 수 있다. 어릴 때 막연히 꿈꿨던 헬기 조종사가 되어보니 알게 된 이치다. 하고 싶은 게 많아 오늘도 우선순위와 루틴을 세워 하나씩 해나간다. 나를 바꾸는 가장 탁월한 방법은 바로, 자신만의 루틴을 세우고 그것을 지키는 일이다.

루틴을 정립하는 과정

나만의 루틴을 만들어 꾸준히 실행했다. 앞서 언급한 새로운 분야로의 도전은 루틴을 세우고 실천했기에 가능했다. 새로운 분야를 배우기 위해선 기초를 먼저 쌓아야 한다. 도전하고자 하는 분야에 관한 책을 먼저 읽고 '독서 루틴'을 정립했다. 독서 루틴을 세우면 독서에 재미를 붙일 수 있다. 매일 50장씩 꾸준히 읽었다.

평소에 독서를 하지 않았다면 처음부터 50장을 읽기엔 부담될 수 있다. 《아주 작은 반복의 힘》에서 소개된 '스몰 스텝 전략'을 실천했다. 작은 첫걸음으로도 변화에 수반되는 장애물을 극복할 수 있다는 믿음이 스몰 스텝 전략의 핵심이다. 조금씩 실천하여 점점 습관으로 만들었다. 처음엔 10장, 그다음엔 20장으로 늘려나갔고 어느덧 하루 50장 독서는 일상이 되었다.

독서 루틴이 자리 잡자, 변화가 시급한 분야의 책을 몰입해서 읽기 시작했다. 자기계발과 경제 관련 책을 주로 읽었다. 대학을 졸업하자마자 장교로 임관하여 이른 나이에 돈은 되었지만, 경제관념이 부족했다. 재테크를 하는 방법을 전혀 몰랐기에 적금만 쏟아부었다. 소위 때 모은 1천만 원은 고스란히 새 차를 뽑을 때 전부 썼다. 그러다 보니 돈이 모이지 않았다. 돈을 처음부터 다시 모아야 했다. 미래에 대한 두려움과 위기의식을 느꼈다. 독서 루틴을 세워 경제 서적을 한 권씩 읽기 시작했다.

책 속에서 나에게 맞는 투자법을 찾았다. 부동산 투자는 하기가 어려웠다. 해군이라 출동이 잦았다. 배를 주기적으로 타다 보니 임장을 다니거나 세입자 관리를 하기엔 어려웠다. 그래서 선택한 투자처는 주식이었다. 처음 투자한 종목에서 초심자의 행운이 따랐다. 공모주를 투자하여 상한가를 돌파하여 30%의 수익을 맛봤지만 바로 다음 날부터 연달아 하한가를 갱신하여 50%의 손실을 맛봤다. 자만을 내려놓고 다시 초심으로 돌아가 주식 서적을 탐독했다. 책에 나온 전략을 하나, 둘 실천했다. 길이 보였다. 마침내 손실을 메꾸고 수익을 낼 수 있었다. 모두 독서 루틴이 안겨 준 값진 선물이다.

독서 루틴에서 중요한 건 실천이다. 책만 읽고 끝나면 변화가 일어나지 않는다. 책 내용을 실천하면 내게 부족한 부분을 보완할 뿐 아니라 준전문가로 거듭날 수 있다. 《1일 1행의 기적》에선 '독서와 실행의 선순환 패턴'이 나온다. 책에 밑줄을 치고 밑줄 친 내용을 읽는다. 마음에 와닿았던 다섯 문장을 적는다. 이중 단 한 가지를 정한다. 그리고 실행한다. 독서 루틴은 나에게 변화를 위한 방향을 제시한다. 독서 루틴으로 어느 정도 독서습관을 만들고 나서 일상의 다른 부분으로 확장한다. 현재 나에게 변화가 필요한 부분을 적는다. 독서, 영어, 운동, 비행 공부, 성경 읽기, 글쓰기로 구성된 여섯 가지 루틴을 만들었다.

정립한 루틴은 첫 글자만 따와서 입에 붙게 한다. 그리고 일상에서 몇 번이고 반복해서 실천한다. '독영운비성글'이란 복잡 미묘한 단어를 적어두고 하나씩 실행했다. 독서 50장을 읽고, 영어 단어 20개를 외우고 나선, 팔굽혀펴기 20개를 한다. 비행 관련 책을 읽거나 비상절차를 공부하고, 성경을 5장씩 읽는다. 마지막은 책 리뷰 등 쓰고 싶은 글을 쓴다. 꾸준히 하니 부족한 부분이 채워지고 조금씩 원하던 목표에 도달했다.

비행 교육을 수료하고 배를 타기 시작하면서 나만의 루틴을 체계화했다. 내가 부여받은 항공기 기종은 링스(Lynx)다. 링스 헬기는 주로 함정에 탑재하고 임무를 수행한다. 바다에선 핸드폰도 터지지 않는다. 비행이 없는 날엔 비행 공부와 독서를 했다. 책 속에 빠져 있으면 시간이 잘 갔고 점점 독서가 좋아졌다. 그렇게 책과 가까워졌다. 배에서의 시간을 효율적으로 쓰기 위해 루틴을 세웠다. 책을 읽고, 영어 단어를 외우고, 팔굽혀펴기하며 체력을 길렀다. 비행 공부를 하고 성경을 읽고, 글을 쓰며 하루를 채웠다. 하루하루가 소중하게 다가왔고 매일매일을 선물로 생각하게 됐다.

배 안에서 정립한 나만의 루틴은 점차 성과를 내기 시작했다. 2020년에는 85권의 책을 읽었고, 2021년부터는 매년 100권 읽기를 실천 중이다. 팔굽혀펴기는 항상 특급을 맞았다. 비행대대에서 최우수 조종사로도 선정되었다. 성경도 매년 1독을 하고 있다. 책 리뷰 위주로 적었던 글쓰기는 일상에서 경험한 부분을 문학적으로 풀어낸 수필 쓰기로 확장했다. 수필을 한 편씩 쓰다 보니 처음 응모한 문학 공모전에서 '금상'을 받는 결과로 이어졌다. 루틴은 이제 내 삶의 일부가 됐다. 이렇듯 나만의 루틴을 정립하면 언젠가 목표한 바를 이룰 수 있다. 꾸준함으로 부족한 부분을 채워가는 게 핵심이다. 루틴을 정립하는 과정은 내게 부족한 부분이 무엇인지 찾고 루틴에 포함해 꾸준히 실천하는 것이다.

변화는 실천에서 온다

변화는 단기간에 이루어지지 않는다. 처음부터 큰 변화를 기대하면 금방 지치기 마련이다. 작은 행동이 습관이 되고 습관이 모여 루틴의 뼈대를 이룬다. 루틴을 꾸준히 실천하면 변한다. 행동이 습관으로 자리 잡기까지 통상 21일이 걸린다고 한다. 습관은 단기간에 만들어지는 게 아니다. 무언가를 꾸준하게 지속하면 행동으로 축적된다. 생각하기도 전에 툭툭 몸이 반응한다. 행동이 습관으로 굳는다.

습관은 기존의 습성을 거스르며 형성된다. 습성을 거스르기 위해선 노력이 필요하다. 루틴의 가장 작은 단위부터 실천했다. 거듭할수록 익숙해졌다. 독서 루틴을 정립하기 위해 10장씩 읽는 습관부터 들였다. 나만의 약속을 만들고 자주 성공을 경험했다. 성공해 본 경험이 쌓여 근력이 됐다. 근력이 생기니 다음 스텝을 밟기가 좀 더 수월해졌다. 독서 루틴을 정립하고 나선 다른 분야로 루틴을 확장했다. 원하는 자격증을 따기 위해서도 전략을 세우고 접근했다.

루틴을 활용해 효율적인 공부 방법을 체계화했다. 한국사능력검정시험 1급을 따는 데 2주 걸렸다. 한자능력검정시험 3급은 1주 만에 취득할 수 있었다. 한국사능력검정시험은 고등학생 시절, 3급에 응시했지만 떨어진 경험이 있다. 루틴을 정립해 실패를 딛고 마침내 1급을 95점이라는 우수한 성적으로 취득할 수 있었다. 한자능력검정시험은 초등학생 시절, 7급에 응시했으나 떨어졌다. 루틴을 세워 공부한 결과, 1주 만에 3급을 취득할 수 있었다. 모든 게 루틴이 안겨준 선물이다.

시험을 준비하기 전, 합격자들의 수기를 읽었다. 책 내용을 하나씩 실천하여 나만의 공부법을 만들었다. 아무리 좋은 방법이라도 실행하지 않으면 결과는 0이다. 하나라도 내 것으로 만들어 실천하려고 노력했다. 노를 들어 한 번이라도 저었다면 배는 앞으로 나아간다. 독서에만 그치지 않고 책에 나온 내용을 루틴으로 만드는 게 중요하다. 방법과 루틴을 정립하여 꾸준하게 밀고 나가 마침내 목표에 도달했다.

공부법 관련 책을 탐독하며 전략을 세웠다.《공부의 비결》,
《아침의 눈 공부법》,《불합격을 피하는 법》,《완벽한 공부법》,
《위기주도학습법》 등을 읽고 나만의 공부법을 만들었다. 루틴에
녹여내 시간을 효율적으로 사용했다. 특히 기출문제 분석에 집
중했다. 기출문제는 변형되어 다시 출제될 가능성이 크다. 3개
년 기출문제를 반복적으로 풀고, 문제 안에 있는 지문은 싹 다
외웠다. 변형되어 출제되더라도 풀 수 있게 대비했다. 반복은 약
점을 보완하고 시험에 대한 자신감을 심어줬다. 전략을 세우고
루틴을 반복해 실천한 덕분에 한국사, 한자, 한국어, 일본어 자
격증 등을 단기간에 취득할 수 있었다. 장교시험에서 가산점으
로 작용하여 든든한 지원군이 되어 주었다.

《공부의 비결》을 통해서는 카드 학습법을 익혔다. 기억 망각
주기가 도래하면 애써 암기한 지식이 사라지기 마련이다. 암기
한 내용을 잊지 않기 위해 학습 카드를 활용했다. 루틴에 넣어
반복해서 학습 카드를 외웠다.《아침의 눈 공부법》에선 객관식
지문을 효율적으로 공부하는 방법을 배웠다. 문항에 나오는 지
문 하나하나 개별적으로 외웠다. 확실히 암기했다면 줄을 쳐서
없애고 덜 외운 지문만 반복해서 외웠다.《불합격을 피하는 법》
에선 합격을 해야만 하는 이유를 명확히 설정해 포기하지 않고
공부를 지속하게 하는 힘을 길렀다.《위기주도학습법》에선 단기

간에 성과를 내는 방법을 배웠다. 마감 기한을 위기로 삼아 시간 효율을 극대화하게 됐다. 공부하는 뇌는 따로 있는 게 아니다. 《완벽한 공부법》에선 뇌를 지속해서 사용하면 할수록 뇌는 개발된다고 말한다. 과거의 실패를 딛고 노력하여 공부하는 뇌로 개척했다.

공부하는 뇌로 만들기까지는 부단한 노력이 있었다. 그토록 갈망하던 군종장교 시험에 연거푸 떨어진 게 계기가 되었다. 통상적으로 군종장교는 대학원까지 졸업한 후 입대한다. 입대 나이를 고려해 단 두 번만 시험에 응시할 수 있다. 두 번의 낙방으로 더 이상의 기회는 주어지지 않았다. 군종장교는 1차 필기시험과 2차 면접으로 선발한다. 필기 시험과목은 국어, 영어, 국사, 윤리, 사회이다. 100분 안에 모든 과목을 풀어야 한다. 중고등학교에서 배운 모든 내용이 범위에 들어간다. 2배수 뽑는 필기시험에 통과하지 못하여 면접을 볼 기회도 주어지지 않았다.

공부를 잘하고 싶다는 열망은 그 이후 급속하게 커졌다. 복수전공을 선택하고 새로운 분야인 평생교육학 공부를 시작했다. 군종장교 시험에 떨어진 그해, 해군 예비장교 시험에 응시했다. 필기시험에 합격하여 면접까지 봤지만 끝내는 떨어졌다. 3학년 때는 육·해·공군 가리지 않고 예비장교, 군장학생 시험에 응시했지만 전부 불합격했다. 좌절감이 물밀듯 밀려왔다. 마른 땅에 단비 같은 성적 우수 장학금만이 위로를 건네주었다. 다시 힘을 낼 수 있는 원동력이 됐다. 아직 좌절하기 이르다고, 더 지원해보자고 말해주는 것만 같았다. 심기일전하여 더욱 치열하게 장교시험을 준비했다. 가산점이 될 만한 자격증을 모두 취득했다. 졸업을 앞둔 마지막 승부처였다. 그리고 마침내 변화가 일어났다.

루틴이 만드는 결과물

　육·해·공군 학사장교 시험에 응시했다. 더는 예비장교가 아니다. 시험에 합격하면 졸업과 동시에 입대하고 훈련을 통과하면 장교로 임관하게 된다. 응석 부릴 새 없이 동아줄을 잡았다. 나에게 허락된 마지막 기회였다. 실로 간절한 마음을 갖고 공부했다. 가산점이 되는 자격증 취득과 졸업 논문 준비, 평생교육사 실습까지 병행하며 주어진 시간을 최대한 효율적으로 썼다. 루틴을 재정립해 자투리 시간까지도 활용했다. 마침내 하나, 둘 자격증을 취득하면서 자신감을 되찾았다. 학사장교 시험을 준비할 때는 시험장과 같은 환경을 만들어 문제 푸는 시간을 재고 매일 시험을 치렀다. 날마다 치열한 전투를 치르는 심정으로 실력을 다져갔다.

　육군과 해군 학사장교 시험에서 1차 합격 소식을 들었다. 최종 합격은 아니었지만, 그 순간은 세상을 거머쥔 듯 기뻤다. 반복된 실패 끝에 얻은 성취라 더더욱 합격이 소중하게 다가왔다. 나에게 내려온 동아줄을 잡는 데 그치지 않고 꾸역꾸역 올라갔다. 육군 학사장교 시험 일정은 해군보다 빠르게 진행됐다. 2차 시험인 1.5km 달리기와 윗몸일으키기, 팔굽혀펴기를 오전에 치르고 오후에 바로 면접을 봤다. 숨 고를 틈 없이 진행된 일정을 소화하고 곧바로 해군 학사장교 2차 시험에 매진했다.

해군 학사장교 2차 시험에선 조종사 적성검사, 신체검사와 면접이 이어졌다. 항공 조종병과에 합격을 한 터라 조종사가 갖추어야 할 기본 소양을 입증해야 했다. 항공 관련 비전공자로서 모든 절차가 낯설었다. 적성검사와 면접을 앞두고 부랴부랴 책을 사서 공부했다. 독서가 길을 안내해준다는 걸 알기에 이번에도 책을 집었다. 《하늘에 도전하다》는 비전공자여도 쉽게 읽을 수 있도록 저술하여 항공 관련 기초지식을 쌓기 좋았다. 그 외에 《비행기 조종 교과서》, 《비행기 구조 교과서》를 통해 항공 관련 지식을 익혔다. 독서 루틴은 여기서도 큰 역할을 했다. 시험을 앞두고 책에서 배운 내용을 실제에 적용하며 준비를 이어갔다.

조종사가 되기 위한 첫 번째 관문부터 만만치 않았다. 난생처음 항공기 시뮬레이터를 타고 무사히 이륙과 착륙을 해야 했다.

평가 하루 전날, 절차요약서가 주어진다. 책에서 배운 내용을 나름 해석하여 준비했고, 무사히 이착륙할 수 있었다. 조종사 적성검사 중 전기회로도 찾기 등은 운에 맡겼다. '내가 이과였다면 좀 더 수월하게 풀 수 있었을 텐데.' 하는 괜한 아쉬운 마음이 들었다. 면접에선 항공 관련 질문도 있었지만, 장교의 자질에 관한 질문이 주를 이뤘다. 주사위는 던져졌고, 이제 결과만 남았다.

육군에서 최종 합격 소식을 먼저 전해줬다. 합격 명단을 확인하고 부모님께 결과를 말씀드리고 기쁨의 눈물을 흘렸다. 그때의 감격이 생생히 기억난다. 해군 학사장교 최종 합격 소식은 육군 입대 후에 들려왔다. 학생군사학교에서 가입교 기간을 보내던 중, 해군 합격 소식을 접했다. 조종사가 되고 싶은 간절한 마음이 있었기에 자진 퇴교하겠다는 의사를 전달했고 해군에 재입대했다. 두 번의 입대를 경험하며 마침내 9전 10기의 도전 끝에 장교로 임관했다.

간절한 마음은 가고자 하는 길로 안내했다. 루틴에 간절함이 묻어나니 결과가 나타났다. 입대해서도 독서 루틴을 꾸준히 지켰다. 결과물을 만들었으니 더욱 신뢰하는 마음으로 루틴을 세우고 책을 읽었다. 지금도 다양한 분야로 도전을 하며 가장 첫 번째로 루틴을 세운다. 루틴을 세우지 않으면 어영부영 끝날 때가 많았다. 루틴은 도전이 원하는 결과로 이어질 수 있도록 한다. 루틴은 결과를 만들어내는 마법의 도구다.

현재는 글쓰기에 푹 빠져 있다. 수필을 주로 쓴다. 수필은 내 경험을 바탕으로 의미화를 하고 문학적 사유를 통해 나만의 이야기를 뽑아내는 매력이 있다. 수필을 잘 쓰기 위해 또다시 루틴을 정립했다. 공모전에 지원해 마감 기한을 설정했다. 여러 수상작을 읽으며 잘 쓴 글에 관해 연구했다. 폭넓은 독서를 통해 문장력을 기르는 과정도 루틴에 포함했다.

어떤 일을 하든 작가의 정체성을 갖고 일을 하고 싶다. 작가로의 입지를 다지기 위해 공모전에서 입상하는 것을 첫 번째 과제로 삼았다. 그 결과, 지금까지 총 12개의 공모전에서 수상했다. 물론 수십 번의 낙선도 있었다. 실패를 타산지석 삼아 글을 다듬으며 조금씩 내 글의 색채를 찾아 나갔다. 꾸준한 루틴이 결과를 만들어냈다. 루틴이 만들어낸 가장 큰 결과물은 작가의 길을 한 걸음 내디디고 있는 지금의 나다. 작가로서 더 많은 도전을 이어가고 싶다.

루틴이 만드는 결과물은 현재진행 중이다.

〈육아를 우리답게, 세상을 아름답게〉 출간

제11회 경북일보 청송 객주 문학대전 금상

해양경찰 '고마워요! 부탁해요!' 수기 공모전 최우수상

솔앤유 출판사 서평대회 1등

제27회 한뫼 이윤재 선생 추모 글짓기 공모전 차상

제20회 경남독서한마당 독서공모전 장려상

제33회 시민예술제 하반기 백일장 공모전 장려상

제33회 전국고전읽기 백일장대회 특별상

제5회 범죄피해 회복 희망수기 공모전 특별상

교유서가, 〈유령의 시간〉 리뷰대회 입상

김근태기념도서관 에세이 공모전 입선

러쉬코리아, '당신도 해피피플입니다' 에세이 공모전 당선

사단법인 오늘은, 청년zip 중 '고슴도치 청년 이야기' 공모전 당선

독서지도사 2급, 1급 취득

독서논술지도사 1급 취득

자신만의 루틴 만들기

"내일이라는 날의 주인도 아닌 우리가
일생의 계획을 세운다는 것은 얼마나 어리석은 일인가."
– 스토아 철학자, 루키우스 안나이우스 세네카

　내일조차 확실히 알 수 없는 우리에게 중요한 것은 바로 지금, 현재다. 루틴은 내일의 계획도 아니고 일생의 계획도 아닌, 지금, 현재의 계획이다. 루틴이 바로 서면 비로소 전체적인 계획이 잡힌다. 그림을 그리기 전, 밑그림부터 그려 뼈대를 잡는다. 루틴은 뼈대가 된다. 루틴을 통해 지금 할 수 있는 일을 차곡차곡 쌓아가면, 어느 순간 변화가 눈앞에 나타난다.

　루틴을 지속하게 하는 힘이 무엇일까. 루틴을 세우기 전, "왜 루틴을 만들어야 하는지" 명확히 알아야 한다. 목표는 루틴을 끌고 나아가는 원동력이다. 자신만의 루틴이 있다면 지속해서 발전할 수 있다. 발전은 변화를 바라고 실천하는 사람에게 주어지는 선물이다. 내면의 소리에 귀 기울여 내가 정말 원하는 게 무엇인지, 하고 싶은 게 무엇인지를 찾는 게 먼저다.

나는 작가가 되고 싶었다. 글쓰기를 루틴에 추가하지 않았다면 작가가 되지 못했을 것이다. 하루 일정량을 정해 시간을 쪼개며 글쓰기를 반복했다. 배를 타고 바다로 나가면 핸드폰을 쓰지 못한다. 그때는 노트를 활용해 글을 썼다. 아내에게 편지를 쓰기도 하며 어떤 글이라도 조금씩 썼다. 작은 실천이 반복되면 습관으로 굳는다.

루틴을 지속하려면 동지가 필요하다. 루틴을 꾸준히 실천하는 것을 SNS에 꾸준히 게시했다. 어느덧 4년이 넘었다. 게시물 올리는 날을 정해 무조건 글 하나를 올렸다. 마감 기한을 설정하면 루틴을 지키기가 훨씬 수월하다. 약속을 잡고 루틴이 어디로도 가지 못하게 붙들어야 한다. SNS에 꾸준히 글을 올리는 건 내가 하는 일을 선포하는 것이다. 글을 읽는 독자들을 위해서라도 약속을 지키게끔 한다. 글쓰기는 습관이 되고 자연스레 루틴이 된다.

나에겐 글동무가 있다. 아내는 내 글을 정독하고 첨삭해준다. 공모전에 출품할 작품을 가장 먼저 검수하는 역할을 한다. 아내의 말에 귀를 기울인다. 아내가 긍정적인 답변을 주거나 내가 쓴 글에 감동하면 그걸로 오케이다. 설령, 입상하지 못해도 아내의 마음에 들었으니 그걸로 어느 정도 보상을 받는다. 글쓰기 루틴을 정립하는 데 지대한 공헌을 한 건 아내다. 함께 걸어가는 친구가 있다면 한결 목표에 다다르기 쉽다. 그래서 같은 목표를 가진 사람들끼리 스터디를 구성하고 함께 공부한다. 함께하면 몰랐던 정보를 얻을 수 있고 부족한 부분을 채울 수 있다. 루틴도 마찬가지다. 목적을 이루기 위해 함께 루틴을 세운다면 더욱 수월하게 목표에 다다를 수 있으리라 확신한다.

지금 함께 책을 쓰고 있는 10명의 공저 작가들은 동지이자 전우다. 현역 군인, 예비역 군인이 만나서 함께 책을 집필했다. 돌이켜보면 나에게 이런 기회가 주어진 것도 루틴의 힘이 아닐까. 루틴을 세우고 인스타그램에 지속해서 글을 남겼다. 그러다 귀한 인연을 만났다. 공저 제안을 해주신 최영웅 소령님이다. '독서하는 군인', 최영웅 소령님은 새벽독서, 긍정확언, 그리고 독서 교육 관련 전문가이자 작가다. 소령님을 인스타그램에서 알게 됐다. 우연히 같은 곳에서 교육을 받게 되어 조심스럽게 메시지를 드린 게 인연의 시작이 됐다. 소령님은 나에게 도전의 중요성을 일깨워주었다. "걱정을 멈추고 그냥 한번 도전해 보라."는 말은 내게 큰 울림을 주었다.

도전을 좋아하지만, 그에 못지않게 겁이 많다. 하늘을 나는 조종사가 겁이 많다니 아이러니하다. 시작하기도 전에 걱정부터 빚을 내서 한다. 일어나지 않는 걱정으로 밤을 지새운 적이 무수하다. 최영웅 소령님의 조언을 듣고 걱정을 상당 부분 덜었다. 말의 힘은 대단하다. 그것도 멘토로 삼을 만한 누군가의 조언은 한 사람의 인생을 송두리째 바꾸기도 한다. 소령님과의 만남이 나에게 변화를 가져왔다. 걱정을 생각하지 않고 도전하게 됐다. 해보고 안되면 그만이지 않은가. 그렇게 도전해 본 게 공모전이다. 나도 몰랐던 글쓰기 재능을 찾았다. 도전하지 않았더라면 몰랐을 달란트다. 걱정을 멈추고 그냥 한번 도전해 본 결과다.

도전은 루틴의 시작이자 마지막 단계다. 도전하지 않으면 아무것도 이룰 수 없다. 루틴을 세우는 것 또한 도전이다. 도전하라. 걱정을 생각하지 말고 뛰어들면 결과를 얻을 수 있다. 그 결과가 설령 실패라고 할지라도 실패를 벗 삼아 다시 재도전하면 된다. 9전 10기 만에 해군 장교가 된 나처럼. 수십 개의 공모전에서 탈락을 딛고 일어서 11개의 상을 거머쥔 나처럼. 평범한 신학생에서 조종사가 된 나처럼. 루틴이 나를 지배할 것이다. 루틴은 나를 바꾸는 가장 탁월한 방법이다.

나만의 루틴을 만들고 지속하기 위한 6가지 키워드를 제시한다.

1. 목표 설정: 내가 진정 원하는 것을 명확히 한다.
2. 작은 실천: 한 번에 하지 않고, 작은 것부터 실천한다.
3. 루틴 홍보: SNS 등 외부에 루틴을 선포한다.
4. 마감 기한: 루틴에 기한을 둔다.
5. 루틴 동료: 목표를 공유하고 나아갈 동지를 찾는다.
6. 도전하기: 실패를 두려워하지 말고 시도한다.

PART 05 〉〉〉

안 아프게 실패하는 방법

양 기 웅

국방 창업경진대회 참가 (최우수상)
육군 최정예전투원 선발 참가 (비선)
사단 최우수 소대 경연대회 참가 (최우수상)
ADEX 말레이시아 국방부장관 통역장교 (선발)

양기웅 작가 소개

첫 번째 도전
휴학생이 되다

인생이 변하는 계기가 되는 순간은 거창할 줄 알았다. 스스로 이 순간이 내 인생의 변곡점이라는 인지가 있을 만큼 특별할 줄 알았다. 하지만 내 예상과는 달리, 그 변화의 순간은 다른 일상들과 너무나도 똑같은 순간이었다.

"기웅아 아무래도 휴학을 피할 순 없을 것 같다. 준비해라"

선배가 침대에 누워 아파하고 있는 나를 보며 말했다. 눈앞이 캄캄해졌다. 무슨 대답을 해야 할지 혼란스러웠다. 옆에서 같이 듣고 있던 후배는 급기야 눈물을 보였다. 선배도 괜한 미안함에 눈을 마주치지 못했다. 그 속에서 나는 그저 멍하니 천장만을 보고 있었다. 안 그래도 창백해 보였던 병실이 더 차가워지는 것을 느꼈다.

육군사관학교에서 휴학은 흔히 볼 수 있는 일이 아니다. 개인이 선택할 수 있는 사항이 아닌 것이다. 학교생활을 정상적으로 이어나가지 못할 정도의 부상을 입었을 때만 하게 되는데, 대략 천 명의 학생 중에 열 명꼴로 휴학한다. 휴학하면 기수가 바뀌게 된다. 쉽게 말해 학번이 바뀐다고 생각하면 된다. 동기였던 사람들은 나의 선배가 되는 것이고, 후배였던 사람들이 나의 새로운 동기가 된다. 학년 간 위계질서가 강하고, 동기간 유대감이 강하게 형성되는 학교의 특성상 휴학생들에게 새로운 기수에 적응하는 것은 매우 큰 도전이다.

하지만 나에겐 휴학이라는 것은 단순 기수가 바뀌는 상황 그 이상의 의미였다. 당시 나에겐 이상한 강박감이 있었다. 고난 끝에 반드시 행복해야만 한다고 생각했다. 그 강박은 당시의 힘듦을 꼭 보상받고 말겠다는 다짐에서 시작됐다. 치열한 수험생활을 끝내고 즐거운 대학 생활을 기대했지만 나는 사관학교에 입학했다. 모든 것이 제한되었고, 군인이라는 이유로 매번 극한의 스트레스에 던져졌다. 상상 속의 나는 술도 마시며 새내기 분위기를 즐겼지만, 현실의 나는 산속에서 밤새며 수통에 담긴 물을 마시고 있었다. 상상 속의 나는 주말엔 카페를 다니며 책을 읽었지만, 현실의 나는 주말엔 구두를 닦고, 근무복을 다리고 있었다. 큰 허탈감을 느꼈다. 그 허탈감에 무너지지 않기 위해 나는 스스로 이 고통 끝엔 반드시 행복할 것이라 최면을 걸었다. 그때부터 내 감정을 타인의 기준으로 맞추기 시작했다. 남들의 인정을 갈구했으며, 남들보다 앞서나가는 삶을 동경했다. 타인보다 잘한다는 이야기를 듣기 위해 나 자신을 갈아 넣고 있었다. 어느 순간 나는 실패를 용납하지 못하는 사람이 되었다.

이 강박감이 극에 달했을 때 나는 돌연 휴학을 하게 된 것이다. 남들보다 뒤처지는 기분을 견딜 수 없었다. 훌륭한 장교가 되겠다는 목표가 너무나 어이없게 실패했다고 생각했다.

학교를 떠나 집에 와서도 공허한 기분을 도저히 떨쳐낼 수 없었다. 운동하고, 책을 읽어봐도 마음이 차분해지지 않았다. 그래서 나중엔 그저 걷기만 했다. 지쳐서 더는 걷지 못할 때까지 그저 걸었다. 마치 보물을 찾아 헤매는 사람처럼 무엇인가 찾기를 바라며 하염없이 걸었다. 그러다 문득, 다른 사람들의 삶이 궁금해졌다. 내가 지독하게 바라보던 군인의 삶이 아닌 다른 삶은 어떨까에 대한 궁금증이 생겼다. 그들은 행복할까? 그들은 어떤 목표로 살아갈까? 그저 그들의 삶의 이야기를 들어보고 싶어졌다.

그래서 내 인생 처음으로 내 의지로, 내가 하고 싶은 도전을 시작했다. 군인이 아닌 사람들을 만나 그들의 삶을 들여다보는 것이다. 그래서 외국인에게 서울 투어를 시켜주는 서울메이트 (SeoulMate)라는 동아리에 가입하였다. 이 활동은 나에게 기대했던 것보다 훨씬 큰 감동을 주었다. 이 동아리엔 내 또래의 서로 다른 이야기를 가진 많은 사람이 있었다. 그들과 울고 웃으며 보낸 1년이라는 시간은 나에게 매 순간 큰 울림이었고, 나라는 사람을 더 깊고 단단하게 만들어주었다. 또한, 다양한 국적의 관광객들을 상대하며 그들의 삶도 들어볼 수 있었다. 서울에 놀러 온 독일인 가족, 한국에서 IT 업무를 배우는 인도 청년, 교환 교수로 한국에 온 미국 MIT 교수까지. 다양한 사람들과 대화하며 세상을 배웠다. 그들과의 시간은 나를 괴롭히던 강박을 눈 녹듯 사라지게 했다. 내가 배워왔던 것이 전부가 아니라는 것을 깨달았다.

나는 지금도 가끔 이 동아리 면접을 보러 가던 그 도전의 순간을 떠올린다. 여대에 들어가 면접 장소를 찾기 위해 헤매며 '남자인 내가 여기 들어와도 되는 걸까?' 불안해하던 그 순간을. 면접 직전 미친 듯이 쿵쾅대던 심장 소리를. 그 도전의 순간이 없었다면 나는 여전히 강박에 사로잡혀 나 자신을 괴롭히며 살고 있었을 것이다. 그 도전의 순간을 피했다면 나의 세상은 여전히 군대뿐이었을 것이다. 나는 실패했다. 실패했고 좌절감에 빠져 생각의 소용돌이에서 헤어나오지 못하고 있었다. 시간이 해결해 줄 것으로 생각했지만 그렇지 않았다. 그래서 실패를 이겨내기 위해 새로운 도전을 했다. 당연하게도 배가 앞으로 나아가려면 노를 저어야 한다. 마찬가지로 아름다운 꽃밭을 가지고 싶다면 꽃을 먼저 심어야 한다. 내 삶이 변하길 원한다면 무언가 해야만 했다. 변화의 시작은 도전이며, 그것이 크든 작든, 혹은 성공하든 실패하든 중요하지 않다. 도전이라는 것은 그 자체만으로 나의 삶을 변화시켰다.

두 번째 도전
탈영병 소대장이 되다

　실패는 더 높은 수준의 성공을 위한 필요충분조건이다. 더 좋은 성공을 하기 위해 많은 실패가 필요하다는 뜻이다. 반대로 많은 실패가 있었다면 다음번 당신에게 찾아올 성공은 높은 수준의 성공일 수밖에 없다.

　2022년 3월, 나는 수색대대 소대장으로 복무하고 있었다. 당시 코로나가 기승을 부리던 시기였기에 부대 활동도 많이 간소화되었고, 코로나 확산 방지를 위해 간부를 A, B조로 나누어 각각 오전, 오후만 출근하고 있었다. 나는 오전 조로 편성되어 점심 식사 이후 영내에 있는 숙소로 가서 오후일과를 준비하고 있었다. 그때, 갑자기 부소대장으로부터 전화가 왔다.

"소대장님, 용사 한 명이 지금 도저히 안 보입니다. "

나는 대수롭지 않게 생각했다. 또 어딘가에서 담배를 피우고 있을 것이라고, 언제나처럼 곧 발견할 거로 생각했다. 하지만 30분 뒤, 부소대장에게 또 전화가 왔다.

"지금 아무리 찾아도 없습니다. 아무래도 탈영한 것 같습니다."

믿기지 않았다. 아니 믿을 수 없었다. 제발 아니기를 바라며 부랴부랴 다시 출근했다. 출근했을 때 내가 마주한 상황은 매우 절망적이었다. 상급부대까지 보고가 이루어져 근처의 모든 부대에 내 용사의 사진과 신상이 전파되었다. 모든 사람이 하던 일을 멈추고 대대적인 수색을 펼치고 있었다. 이런 광경은 한 번도 본 적이 없었다. 하지만 그때까지만 해도 탈영보다는 그저 어딘가 숨어 있다고 생각했다. 그래서 나는 막사 내부를 더 찾아보고 숨을 수 있을 만 한 곳 위주로 찾아봤다. 그렇게 3시간 정도 지났을까, 내 핸드폰으로 문자 하나가 날아왔다.

"울타리 밖, 도로 근처 화단에 해당 용사 것으로 추정되는 전투복 상의 발견"

탈영했다는 것이 확실해진 순간이었다. 세상이 무너지는 듯했다. 탈영은 형사처벌 대상이기에 아니기를 바라던 내 바람은, 봄바람이 추운 겨울을 몰아내듯 흩날려져 버렸다. 아직도 그 순간이 너무나 선명하게 남아있다. 끊임없이 울리는 전화, 땀으로 범벅된 몸, 주변에서 바쁘게 움직이는 사람들. 모든 것이 부자연스럽게 어우러져 오히려 차분하고 냉정해졌다. 다행히 탈영했던 용사는 곧장 집으로 간 것이 확인이 되었고 부모님의 설득으로 다시 부대로 돌아왔다. 하지만 이게 끝이 아니었다. 사건은 마무리됐지만, 수많은 조사가 우리 부대를 향했다. 그 이후 한 달 동안은 매일 아침 6시에 출근해서 밤 9시에 퇴근했다. 조사에서 살아남기 위해 내가 할 수 있는 모든 것을 빠짐없이 했다. 다행히 아무런 탈 없이 마무리되었지만 나는 그 과정에서 지독한 불면증을 얻었다. 몸은 지쳐 있었는데, 머릿속은 여전히 복잡하게 돌아가고 있었다. 내가 무엇을 놓쳤을까, 무엇을 잘못했기에 이런일이 벌어졌을까 고민을 했다. 하지만 끝내 답을 내지 못한 채새벽 3~4시가 되어야 겨우 잠이 들었다. 군인을 그만두고 싶다고 생각했다. 매일 나는 죄인이 되어있었고, 지금까지 쌓아온 모든 것이 무너졌다. 가장 속상했던 건, 사고 이전의 순간으로 돌아가더라도 이 사건을 막을 수 있으리란 확신이 없었다는 거다. 나의 부족한 능력을 마주하는 것은 생각보다 더 가슴이 아팠다.

그렇게 시간은 속절없이 흘러갔다. 우울함이란 단편적인 감정으로 그저 살아가고만 있었다. 그런데 어느 날, 나와 함께 조사를 받던 소대원이 전역하게 되었다. 전역하면서 쭈뼛쭈뼛 나에게 편지를 건네주었다. 그 속에 적혀있던 말을 아직도 마음속에 간직하고 있다.

'항상 곧은 소나무같이 굳건했던 소대장님, 그 그늘 밑에서 저희는 항상 안락함을 느꼈습니다. 사건, 사고가 많은 군 생활이었으나 소대장님과 함께여서 한순간도 무섭지 않았습니다.'

눈물이 터졌다. 부족한 나였지만 나에게도 기대고, 믿어주는 사람이 있었다. 그 사실을 안 순간부터 멈춰 있으면 안 되겠다는 사실을 깨달았다. 더는 좌절해 있을 수만은 없었다. 그렇게 나는 마음을 다잡고 육군 장교로서 다시 한번 앞으로 나아가기 시작했다.

나는 시련을 새로운 도전으로 이겨낼 수 있을 것이라 믿으며 살아왔다. 하지만 그 어떤 시도도 할 수 없을 정도로 처참하게 실패하는 경험을 겪고 나서야 이게 정답이 아니라는 것을 깨달았다.
실패를 극복하는 방법은 실패를 마주하였을 때 멈추지 않고 계속 앞으로 나아가는 것이다. 내가 나아가기를 멈추지 않는다면 실패했을 때 느낄 아픔은 다른 도전에 성공으로 이어질 것이며 훗날 나의 아픔은 성장통이 될 것이다. 나는 장교로서 멈추지 않았기에 지금처럼 이 경험을 성장통이라 말할 수 있다. 하지만 내가 포기했었다면 이 경험은 나에게 쓰디쓴 실패일 뿐, 그 이상의 의미는 없을 것이다.

내가 하는 모든 실패의 의미는 '이 도전을 멈춰라.'가 아닌 '이로써 나의 성공은 더 멋져졌다.'라는 의미이다. 실패에 익숙해지고 실패를 연습하고 있다. 이제는 실패란 나를 더 견고하게 만들어주는 양분이라고 생각한다. 그저 다시 일어나면 될 뿐이다. 실패하는 것은 훗날 '나'라는 꽃을 피우기 위한 씨앗을 심는 과정이다. 어떠한 꽃을 피울지는 모르지만 어떠한 꽃이든 간에 그 꽃은 '나'라는 사람을 아름답게, 또 조화롭게 만들어 줄 것이다. 그러니 꽃이 피어날 것을 의심하지 말고 우리는 그저 씨앗을 심자. 도전하자. 그리고 실패에 멈추지 말자. 이것이 내가 생각하는 '안 아프게 실패하는 방법'이다.

멈추지 않는 도전, 또 한 번의 실패

도전은 언제나 실패와 성공이라는 결과를 동반한다. 성공했던 기억, 실패했던 기억, 다시는 생각하고 싶지도 않은 도전. 이 도전과 경험들로 우리는 구성되어 살아가고 있다. 그렇다면 과연 이 경험들은 서로 연결될 수 없는가? 이 도전들은 서로 독립적인 것인가? 내 답은 '아니오.'이다. 이 경험들이 연결되어 내가 된다. 이 수많은 도전은 모두 결국 내 안에서 하나로 연결되는 것이다.

나에겐 꼭 이루고 싶은 목표가 있었다. 바로 장교 최초로 최정예 전투원의 자격을 획득하는 것이었다. 최정예전투원이란 육군본부에서 선발하는 최정예 300요원 중 하나로, 강인한 체력을 바탕으로 다양한 전문 군사지식을 갖춘 사람만이 선발되는 영광스러운 자리였다. 체력에 자신이 있던 나는 대위가 되기 전, 나의 군 생활 목표로 이 자격을 꼭 따고 말겠다는 다짐을 했다. 실제로 나는 군단 대표까지 선발되어 마지막 선발 과정까지 가게 되었고 최종 선발을 위해 반년이 넘는 시간 동안 오직 이 도전의 성공을 위해 몰입했다.

33도가 넘는 여름날에도, 비가 추적추적 내리던 날에도, 아무도 일어나지 않는 새벽 시간에도, 나는 내 목표를 위해 달리고, 또 달렸다. 나의 도전을 위해 모든 업무를 기꺼이 맡아준 동료들을 위해서라도, 나는 꼭 성공해야만 했다. 하지만 나에겐 반드시 극복해야 하는 숙제가 있었다. 바로 사격이다. 나는 사관학교 시절부터 사격을 못 했다. 내 인생 첫 사격 때 오발탄 사고가 발생하였고 나에게 트라우마로 남았다. 그 영향일까? 나는 수많은 사격 훈련 동안 항상 수준 미달자였다. 군인이 사격을 못 한다니. 부끄러운 일이다. 이 약점을 극복하기 위해 최정예전투원을 준비하며 정말 많은 사격 연습을 했다. 연습 막바지엔 가뿐히 특급의 기준을 통과할 정도로 수준이 올랐고 자신감도 상승했다. 그렇게 나의 최정예전투원으로의 준비는 순조롭게 진행되는 듯했다.

드디어 선발 당일이 되었다. 많은 사람이 어려워하는 체력측정을 당당히 통과했다. 다음은 문제의 사격이었다. 마음속에 약간의 걱정은 있었지만, 지금까지 연습한 것이 있기에 통과할 것이라 자신했다. 긴장된 마음으로 드디어 나의 측정 순서가 되었다. 긴장되는 마음으로 첫발을 사격했다. 명중이었다. 느낌이 좋았다. 이어서 올라오는 표적들도 연습한 대로 모두 명중했다. 하지만 마지막 사격 때 한 발을 놓치고 말았다. 총 20발 중에서 18발을 맞춰야 하는데 12발 중에서 1발을 놓친 것이다. 갑자기 긴장되기 시작했다. 손에 땀이 나기 시작하고, 심장은 눈치 없이 빠르게 뛰기 시작했다. 다시 사격이 시작됐다. 시작하자마자 첫 발이 빗나갔다. 내 눈을 믿을 수 없었다. 심장은 이제 걷잡을 수 없이 뛰기 시작했고, 시야가 어두워지기 시작했다. 한 발, 한 발 사격을 하는 내 손은 벌벌 떨렸다. '제발'이라는 단어를 미친 듯이 되뇌었다. 하지만 결국 2발을 더 놓치면서 나는 최종적으로 최정예전투원 선발에 탈락하게 되었다.

나는 또다시 실패했다. 슬프다기보다는 허무했다. 나의 지난 반년간의 노력이 모두 물거품이 된 것 같아 허탈했다. 실패의 순간이 고통스럽거나 아프지는 않았다. 하지만 내 마음을 괴롭힌 것은 평가를 보지도 못한 수많은 다른 평가과목이었다. 많은 시간과 노력을 쏟아부었지만 결국 써먹어 보지도 못 했다. 기회만 준다면 그 누구보다 잘 할 자신이 있었지만 내 업무 영역에는 이 기술들을 활용할 수 있는 기회가 매우 적었다. 하지만 신기하게도 시간이 지나면서 나의 능력을 활용할 기회가 자꾸 찾아왔다.

나에게 전투 체력단련 시범식 교육의 기회가 찾아왔고, 화력 요청 경연대회 참가의 기회가 왔으며, 군단주관 지뢰 지대 설치 평가에서 대대 대표로 선발되기도 하였다. 만약 내가 최정예전투원 선발을 준비하지 않았더라면 이 기회들을 잡기 위해 또 큰 노력과 시간을 쏟아부어야 했을 것이다. 하지만 이미 숙달이 되어있던 나는 오히려 자신감을 가지고 참가할 수 있었고 그로 인해 더 좋은 결과를 얻을 수 있었다. 의미 없을 것으로 생각했던 나의 도전이, 내 인생에서 나도 몰랐던 방법으로 꽃피우고 있었던 것이다. 내가 쏟아부었던 노력은 물거품이 된 것이 아니었다. 그저 더 알맞은 시기에 피어나기 위해 시기를 기다리고 있었을 뿐이다.

도전은 실패했더라도 의미가 있다. 그 도전을 위해 최선을 다했다면 노력의 시간은 반드시 다른 시간대에, 다른 형태의 성공으로 꽃 피울 것이다. 이 실패의 경험은 언제가 될지, 어떤 형태일지 모르지만, 분명 당신의 새로운 도전 속에서 하나가 될 것이다. 그러니 실패를 허무하다고 생각하지 말자. 도전에 실패했을 때 그 허무함을 어떻게 견디냐는 질문을 한다면 나는 자신 있게 말하겠다. 실패하지 않으면 된다. 지금의 시련을 실패라 생각하지 않으면 된다. 실패란 도전의 최종 결과가 아닌 과정 중 나에게 주어진 하나의 상황일 뿐이다. 마치 마음에 드는 사진 한 장을 위해 수백 장의 사진을 찍고, 지우듯, 이 경험은 나에게 지워지는 한 장의 순간인 것이다. 사진 찍기를 멈추지만 않는다면 당신을 결국 원하는 사진을 건질 것이고, 나도 도전을 멈추지 않기에, 분명 원하는 성공을 얻을 것이다.

딱 한 번
시선을 견뎌라

임관 3년 차가 되던 해, 나에게 지독한 권태가 찾아왔다. 나는 대대에서 인사·행정을 담당하는 참모였다. 나의 업무들은 대부분 완성도보다는 적시성이 중요한 업무였고, 한마디로 업무를 빨리 해치워야 하는 순기 업무가 대부분이었다. 그러한 굴레 속에서 더 완성도 있는 업무를 위해 고민하기는 어려웠다. 어느 순간부터 머리를 쓰면서 일을 하는 것이 아니라 생각 없이 기계처럼 일하고 있었다. 그러다 보니 일을 끝마쳐도 성취감이 느껴지지 않았다. 그저 다음 업무 이전의 잠시 숨 돌림만 있을 뿐이었다. 더는 나의 일상이 즐겁지 않았고 주변의 모든 것이 별 볼 일 없게 느껴졌다. 지고 있는 노을을 보면 가슴에 공허함이 느껴졌고, 계절의 변화를 보며 속절없이 흘러가는 시간에 답답함을 느꼈다. 나는 정체되어 있었고, 그렇게 '숨만 쉬며' 살아가고 있었다.

그때, 독하군(독서하는 군인의 독서 모임)의 최영웅님으로부터 국방부에서 주관하는 창업경진대회에 같이 참가해 보자는 제의를 받게 되었다. 머릿속의 아이디어를 실현하는 방법을 배울 수 있다는 점이 마음에 들었고, 다시 한번 내 삶에 변화를 이끌어줄 도전을 시작한다는 점에서 좋은 기회라고 생각했다. 하지만 이런 내 마음과는 달리 머릿속에서는 이 도전을 부정적으로 생각하고 있었다. 일단 창업을 목적으로 한 활동을 하는 장교를 본 적이 없었다. 마치 현업을 팽개치고 전역을 준비하는 장교로 찍힐 것 같다는 두려움이 생겼다. 누군가를 평가할 때 능력만큼이나 군에 대한 집중도도 영향이 크다는 것을 알기에 선뜻 하겠다는 대답을 하지 못하고 있었다. 하지만 존경하는 멘토였던 최영웅님의 응원과 그의 독하군으로써의 도전에 감명을 받아 나도 이 도전을 시작하기로 했다.

　대회를 준비하는 과정은 쉽지 않았다. 본업에도 충실해야 했기에 밤 9시가 되어서야 모인 우리는 머릿속에만 있던 아이디어를 구현하려고 토의했다. 새벽 3시까지 토의하고 다음 날 7시에 출근하여 본업과 경진대회 모두 잡기 위해 최선을 다했다. 다시 생각해도 참 열심히 살았던 시간이었다. 우리의 그런 모습을 보며 누구도 욕할 수 없다고 생각했다.

그럼에도 불구하고 나는 도전하고 있는 내 모습에 대한 타인의 시선과 평가를 걱정하고 있었다. 더 나은 결과물을 위해 좀 더 대외적으로 홍보하고 조언을 구하며 적극적으로 움직일 수 있었지만, 도전하고 있는 내 모습을 보이는 것이 부끄러워 그러지 못했다. 오히려 많은 기회를 놓칠 뻔했다. 하지만 나의 팀원들은 그렇지 않았다. 그들은 실패를 두려워하지 않았으며, 타인의 시선 따위는 신경 쓰지 않았다. 그저 노력하는 자신의 모습을 보며 뿌듯함을 느끼고, 자신이 옳다고 믿는 모습으로 살기 위해 노력하고 있었다. 팀 안에 나보다 5년 장교 선배가 있었는데, 그의 적극성은 나의 수동성을 크게 변화시켜주었다. 다행히도 그는 나의 수동성과 두려움을 전혀 이해하지 못했고, 특유의 리더십으로 나를 이끌었다. 그렇게 나는 주변 사람의 도움으로 혼자였다면 이기지 못할 두려움을 극복하게 되었다. 그렇게 긍정적인 영향을 주고받으며 최초 3개월 프로젝트로 시작했던 우리의 창업경진대회는 반년이나 이어졌고, 결국 육군을 넘어 국방부 창업경진대회에서 최우수상이라는 결과를 내며 화려하게 마무리하게 되었다.

도전은 언제나 타인의 시선을 끈다. 사람들은 언제나 도전하는 자에 대해 저마다의 평가를 한다. 나도 그동안 쌓아온 나의 이미지가 변할까 두려워 앞으로 나아가지 못했다. 하지만 그 벽을 뚫어 보니 알게 되었다. 그들의 시선이 얼마나 가벼웠는지, 그리고 그 무게는 절대 나를 짓누를 수 없다는 것을 말이다. 깨보지 않았더라면 나도 평생 알지 못했을 것이다. 똑같이 허무하다며 삶을 흘려보내고 있었을 것이다. 하지만 이 순간의 도전을 통해 나는 더 실패를 두려워하지 않게 되었고, 타인의 시선을 견디고, 이용하는 방법을 깨달았다.

타인의 시선에서 벗어나야 한다. 그 시선이 나에게 족쇄가 되어 가고자 하는 방향으로 나아가기 더욱 어렵게 했다. 그리고 나의 내면의 소리를 들어야 한다. 결국 세상을 살아가는 것은 나고 그 누구의 말도 나의 내면의 말보다 무게감 있게 들을 필요 없었다. 나는 내 도전의 가치를 믿는다. 나는 도전으로 내 세상을 주도할 것이며, 이 도전을 통해 수많은 사람에게 울림을 줄 것이다. 나의 방법이 올바른 것인지는 나도 알지 못한다. 하지만 이 도전 또한 나의 가치를 키워줄 것이라 믿으며 나아가는 것이다. 나의 도전을 보는 당신의 시선은 어떠한가?

챌린저(Chanllenger)로 체인저(Changer) 되기

책을 쓰겠다고 부모님께 이야기하던 날, 부모님께서 물어보셨다.

"무엇을 위해서 이렇게 열심히 하는 거니? 도대체 하고 싶은 목표가 뭐니?"

질문을 듣고 선뜻 대답할 수 없었다. 나는 고민했다.

'나는 왜 이렇게 계속 뭔가를 도전하고 있던 걸까?, 이 도전들이 모여 내가 이루고 싶은 것이 있는 걸까?'

이 고민의 결과는 놀랍게도 '모르겠다.'였다. 내가 무엇을 원하고 무엇이 되고 싶은지 아직 잘 모르겠다. 군 생활도 누구보다 열심히 하고 있지만, 군인이라는 직업이 내 삶에 전부가 될 수는 없다고 생각한다. 훗날 어떤 사람이 될지, 어떤 삶을 살고 싶은 지도 잘 모르겠다. 하지만 그렇기에 나는 도전을 멈추면 안 된다고 생각한다. 나의 도전들이 내가 꿈꾸는 목표를 가지게 해줄 힌트가 되어 줄 것으로 생각한다. 도전을 통해 얻은 수많은 경험이 내 미래의 모습을 더 또렷하게 그려줄 것으로 생각한다. 나의 이 생각은 '박웅현' 작가의 《여덟 단어》라는 책을 읽고 더 깊어졌다. 이 책에서는 나를 인지하고 알아감에 있어 어떤 방법을 사용해야 하는지 소개되어 있다.

첫 번째는 내 마음속의 점을 찾는 것이다. 내가 좋아하는 것, 내가 해왔던 일들, 내가 잘할 수 있는 일들, 이것들이 나의 내면의 점이 된다. 그렇게 나를 구성하는 점들을 찾아내었다면 그 점들을 이어 보는 것이다. 서로 연관성이 없어 보이는 점들을 어떻게든 이어서 연결해 보는 것이다. 그렇게 이어진 선들이 당신의 내면이라는 별이 그릴질 것이고 그 별을 찾는 과정이 나를 인지하는 과정이라는 것이다.

예를 들어, 나는 나의 내면의 점 중 하나를 직업적 가치인 군인으로 잡았다. 그리고 또 다른 점은 육군사관학교 시절 전공과목이었던 컴퓨터공학 분야를 선택했다. 나는 연관성 없는 두 점을 이어 보기로 했다. 그렇게 그려진 나의 별은 바로 코딩하는 군인이었다. 나는 내가 할 수 있던 어플 제작 능력으로 부대에서 행정을 간소화할 수 있는 어플을 만들었다. 매일 체크리스트를 종이로 프린트하고 일일 단위로 보관해두어야 했던 업무를 핸드폰 하나로 모두가 간편하게 시행할 수 있게 되었다. 물론 이 어플이 전문가들이 제작한 기능적, 디자인적 고급 기술이 들어간 것은 아니지만, 사람들의 편리성만큼은 확실히 높여줄 수 있는 어플이라고 자신한다. 군에서는 새로운 기술이 들어간 시스템을 바로 적용하기 어렵다. 가장 큰 이유는 보안상의 문제이고 부차적인 이유는 기술에 대한 지식을 가진 사람들이 많지 않다는 것이다. 하지만 현역으로 복무하는 나는 보안에 대해서도 잘 알고 있었고 어플을 만드는 방법에 대해서도 알고 있었다. 그렇게 나는 코딩하는 군인이 되어 새로운 길을 개척하고 있었다. 나는 지금 내가 하고 싶은 것을 도전한다. 이 도전이 미래의 내 모습에 어떤 영향을 줄지 모르지만 나는 도전한다. 이 도전들이 내 마음의 점을 더 많이 만들어 줄 것이기에 나는 도전을 멈추지 않을 것이다.

나는 모든 도전에서 꼭 지키는 원칙이 두 가지 있다. 하나는 '내가 몸담은 장교라는 본업에 절대 소홀하지 말 것', 두 번째는 '하고 싶다는 생각이 들었다면 이유를 불문하고 시도할 것'이다.

나는 지금도 많은 도전을 하고 있다. 나는 코딩하는 군인으로의 역량을 키우기 위해 컴퓨터공학과 관련된 해외 석사를 준비하고 있다. 또 언젠가 써질 나만의 시집을 위해 나의 창작 시와 직접 찍은 사진을 SNS 게시하고 있다. 그리고 지금, 나의 이야기를 책으로 풀어내는 도전을 하고 있다.

체인저(Changer)와 챌린저(Challenger)는 한 끗 차이이다. 그 한 끗 차이를 만드는 방법은 뭘까. 나는 실패를 받아들이는 자세와 멈추지 않는 끊임없는 도전이라고 생각한다. 나의 이 도전에 대한 가치관이 이 책을 관통하는 주제인 '갓생'을 설명할 수 있는지도 모르겠다. 다만, 나는 앞으로도 무수히 많은 도전과 실패를 통해 그 의미를 찾아갈 것이다. 내가 변화하길 원하기에, 그리고 더 성장할 수 있음을 알기에, 나는 도전을 멈추지 않는다. 나의 인생을 바꾸는 체인저(Changer), 혹은 세상을 바꾸는 체인저(Changer)가 되기 위해 나는 오늘도 챌린저(Challenger)가 되겠다. 오늘보다 나은 내일을 만들기 위한 '갓생'을 사는 '챌린저', 그것이 앞으로 내가 개척해 나갈 나만의 길이다.

PART 06 〉〉〉

책과 함께 꿈을 이루어갑니다

김 동 원

출간(1권-진중문고 선정), 군대 170권 독서
클라리넷 연주자, 국립중앙도서관 초빙강연
국방광장 KFN 등 방송출연 다수

김동원 작가 소개

벼랑 끝에서 시작한 '독서'

　나는 책이 너무 싫었다. 책만 읽으면 졸리고, 도대체 무슨 말인지 이해가 가지 않았다. 그래서 학창 시절 이후로는 책과 거리를 두고 살았다. 유감이지만 책 읽는 사람도 싫었다. 왠지 고리타분하고 고지식할 것 같다는 선입견 때문이었다. 이런 내가 작가가 되고, 내가 집필한 책이 국방부 진중문고로 선정되리라고 누가 생각했겠는가? 나는 약 2년 전까지만 해도 이런 일들을 상상도 할 수 없는 사람이었다.

　입대가 부담스러웠던 나는, 20살에 신체검사를 받은 후부터 계속해서 입대를 연기해 왔다. 그러던 중 2019년에 코로나가 발생하고 전 세계가 팬데믹에 빠졌다. 클라리넷 연주자로 활동하던 나 역시 큰 타격을 받았다.

28살, 당시 해외에 체류하던 중 '국외 여행 허가' 기간이 만료되면서 다시 한국으로 귀국해야 했다. 귀국 후 약 2주간 격리를 해야 했는데, 그때 여러 상황이 어긋나며 군악대 지원을 못 하고 '징집'으로 입대하게 되었다.

악기를 연주하는 사람은 하루만 연습 못 해도 타격이 큰데, 육군 복무 기간 18개월 동안 클라리넷 연습을 못 하게 된 것이다. 하늘이 무너지는 것 같았다. 특히 내 나이가 28살로 입대하기엔 늦은 나이였기에 두려움이 더욱 크게 느껴졌다.

내가 '징집'으로 입대하게 되었다는 사실을 알게 된 몇몇 지인들이 이런 이야기를 해줬다.

"동원아, 훈련소에서 징집병들은 '특기 검사'를 받게 될 거야. 그러면 그때 네가 음악 전공했다고 말해. 잘하면 군악대 면접을 보고 군악병 보직을 받을 수도 있어."

나는 훈련소에서 지내는 동안 이 말에 모든 희망을 걸었다. 어떻게 해서든 군악대로 가야만 했다. 훈련소에 가 보니, 내 동기들은 대부분 20살, 21살의 어린 동생들이었다. 아무래도 나와 나이 차이가 컸기에, 나는 속으로 이런 생각을 하지 않을 수 없었다.

'내가 저런 어린 동기들보다는 어른스럽지 않을까?'

그런데 머리를 빡빡 밀고, 'ROKA'라고 적힌 같은 생활복을 입고 지내다 보니 나이가 어린 동기들이나 나나 별 차이가 없었다. 한 번씩 간식이 나오면 하나라도 더 먹기 위해 발버둥 치고, 어떻게 해서든 청소하기 쉬운 구역을 맡으려고 애쓰는 내 모습을 볼 때면 부끄러웠다. '어린 동기들보다 내가 더 어른스럽지 않을까?'라고 생각했던 것은 완전히 틀린 생각이었다.

그러던 어느 날, 나보다 나이는 어리지만, 마음이 성숙한 동기를 보며 나는 충격을 받았다. 먼저 나서서 일하고, 남들에게 양보하는 모습을 보며, 그 동기가 나보다 훨씬 낫다는 생각이 들었다. 나는 그동안 내가 어떻게 살았는지 돌아보며, 그 동기와 나의 차이가 무엇인지 생각해 보게 되었다. 그리고 그 차이는 바로 '사고력'에서 온다는 사실을 발견할 수 있었다. 나는 그때부터 어떻게 하면 사고력을 키울 수 있을지 찾기 시작했다. 근육이 운동을 통해 단련되고 회복하며 성장하듯이, '생각의 근육'도 외부의 자극이 필요할 것 같았다. 어떻게 하면 효과적으로 사고력을 키울지 고민하다가, '독서'가 사고력을 키우기에 정말 좋은 도구라는 결론을 내리게 되었다. 그렇게 훈련소에서 지내면서 처음으로 독서를 시작하기로 결심했다.

하지만 워낙 오랫동안 책을 읽지 않았던 사람이라, 책을 펴면 졸고 또 졸고… 나중에는 쥐고 있던 책을 놓쳤는데 내가 어디를 읽고 있었는지 기억이 나지 않았다. (다시 처음부터) 그렇게 해서는 도저히 책을 읽을 수 없었다. 그래서 나는 운동을 처음 시작할 때처럼 쉽게 시작할 수 있는 책을 읽기로 했다. 주변을 둘러보니, 훈련소에 범죄, 추리 소설을 챙겨온 동기가 있었다. 그 동기의 책을 빌려 읽기 시작했다.

처음으로 재미있게 완독한 책은 바로 히가시노 게이고의 《가면 산장 살인 사건》이었다. 책을 펴고 읽는 내내 숨 막힐 것 같은 긴장감이 느껴졌다. 마지막 부분에서는 뒤통수를 맞는 듯한 기분이 들어, '책이 재미있을 수도 있구나!'라고 생각했다. 나는 이 책을 계기로 처음으로 책에 흥미를 느끼게 되었고, 덕분에 다른 책도 읽기 시작했다.

그런데 그때까지 해결되지 않은 것이 있었다. 바로 '군악대 면접'이었다. 훈련소에서 약 2주간의 격리를 마친 징집병들은 특기 검사를 받았다. 나는 특기 검사를 진행하는 면접관께 음악을 전공했다고 말씀드렸고, 덕분에 육군훈련소 군악대에서 군악대 1차 면접을 볼 수 있었다. 10점 만점에 9점을 받았다. 꽤 괜찮은 점수였다. 면접관님은 나에게 "이제 2차 면접만 보면 군악대로 갈 수 있다."라고 하셨고, '이렇게 군악대로 가게 되는구나.' 싶었다.

그런데 1주가 지나고, 2주가 지나도 군악대로부터의 소식은 없었다. 각개전투 훈련이 끝나고 행군까지 마쳤다. 이제 수료식만 남은 상태였다. 수료식 전날, 각 생활관으로 자대 배치 결과를 알리는 통지서가 도착했다. 그리고 그 종이에는 이렇게 적혀 있었다.

'김동원 – 장갑차 조종수'

눈앞이 캄캄해졌다.

'이제 내 군 생활은 어떻게 될 것인가?'

나는 그렇게 노력했음에도. 전공과 무관한 보직으로 군 생활을 시작하게 되었다.

'관점'을 바꾸자 달라진 것들

　훈련소 수료식을 마친 후, 전라남도 장성에서 약 4주간 장갑차 조종수 후반기 교육을 받았다. 후반기 교육을 마친 후 본 자대 배치를 받았고, 나는 대한민국 최전방 지역인 강원도 고성 22사단 28전차대대로 가게 되었다.

　지금도 강원도 고성 22사단 28전차대대로의 전입 첫날 기억이 생생하다. 버스를 타고 위병소를 지나는데 저 멀리 회색빛 창고들이 많이 보였다. '역시 이곳은 대대급이라 창고도 저렇게 많구나' 싶었다. 그런데 버스가 그 창고들 앞에 섰고, 간부님은 이제 의류대를 챙겨서 내리라고 하셨다. 설마 싶었는데, 그 창고가 앞으로 내가 군 생활을 해야 하는 막사였다. 여름에는 프라이팬에 달궈진 것처럼 너무 더웠고, 에어컨 실외기가 뜨거워져서 작동을 멈췄다. 겨울에는 날씨가 너무 추워 아침에 씻으려고 치약을 짜면 치약이 얼어서 안 나올 정도였다.

28살 늦은 나이, 징집으로 인한 장갑차 조종수 보직, 강원도 최전방 부대 고성 22사단, 컨테이너 막사. 이 모든 건 최악이었다. 군 생활이 제대로 어긋나고 말았다. 나는 군대를 원망했다. 군대로 인해 나의 삶이 망가진 것 같았다. 매일매일 부정적인 생각 속에 갇혀 지내게 되었다.

그러던 어느 날 한 권의 책을 만났다. 다산 정약용 선생님의 《유배지에서 보낸 편지》라는 책이었다.

이 책은 정약용 선생님께서 유배지에 계신 동안 적었던 편지를 모아 만든 책이었다. 정약용 선생님은 조선시대의 실학자로 화성을 지을 당시 '거중기'를 발명해 건축 시간을 줄이는 등, 나라를 위해 많은 일을 하신 분이셨다. 그런데 '신유박해'로 인해 하루아침에 돈, 명예, 가족 등 모든 걸 잃고 유배를 가게 되셨다. 아마 보통 사람이었다면 평생 술을 마시며 나라를 원망하고 살아갔을 것이다. 하지만 정약용 선생님은 오히려 유배지를 기회 삼아 더욱 학문을 닦으시고, 그곳에서 무려 500여 권의 책을 집필하셨다. 그리고 오늘날 역사의 한 획을 그은 위인이 되셨다.

나는 이러한 정약용 선생님의 모습을 보며 한 가지 사실을 알게 되었다.

'중요한 것은 상황이 아니라, 상황을 바라보는 나의 관점이다.'

정약용 선생님의 몸은 유배지에 있었지만, 자신의 관점은 유배지를 벗어나 나라를 생각하고 백성을 사랑하는 쪽으로 옮기셨다. 나는 그동안 군대로 인해 내 삶이 망가졌고, 나는 불행한 사람이라고 생각했었다. 그런데 만약 나도 관점을 바꿔 본다면, 이런 유배지 같은 군대에서조차 뭔가 놀라운 일을 경험하게 되지 않을까 싶었다.

'정약용 선생님이시라면, 나와 같은 상황에서 어떻게 하셨을까?'

그날 나는 스스로 질문을 던져보며, 나의 부정적인 관점을 내려놓고, 새로운 관점을 가지게 되었다. 관점을 바꾸고 보니, 군대는 유배지가 아니었다. 오히려 내 삶을 새롭게 만들 수 있는 '기회의 장소'라는 생각이 들었다. 그때부터 군대가 새롭게 보이기 시작했다.

군대 안에는 '병 자기개발 지원금'이라는 제도가 있어, 장병들이 매년 10만 원이 넘는 금액을 지원받아 책, 운동용품 등을 구매할 수 있었다. 또한, 장병들은 '국가기술자격증'을 무료로 취득할 수 있었다. 이뿐만 아니라 군대 안에는 다양한 공모전이 있어, 수상한 장병들은 포상 휴가 및 상금을 받을 수도 있었다.

나는 훈련소에서부터 '독서'를 해야겠다고 결심했기에, '이왕 책을 읽을 바에는 독후감 공모전에 도전해 보자.'라는 생각을 했다. 그때부터 사단 독후감 대회, 강원도민일보 독후감 대회 등 다양한 공모전에 도전했다.

첫 번째 도전했던 사단 독후감 대회에서 탈락했다. 역시 나는 그런 사람이었다. 그런데 신기하게도 강원도민일보 독후감 대회에서 '장려상'을 수상해 포상 휴가 2박 3일, 그리고 상금 10만 원을 받게 되었다. 그 후, 병영문학상에서 '입선'을 하게 되면서 '국방부장관상'으로 트로피와 상장을 받을 수 있었다. 정말 신기한 일이었다.

하루는 '엠제이 드마코'의 《부의 추월차선》이라는 책을 읽으며, 부자가 되기 위해서는 사람들의 '니즈(Needs)'를 해결해야 한다는 사실을 알게 되었다. 열심히 일하는 것보다 중요한 것은 바로, 다른 사람들이 무엇을 필요로 하는지 찾는 것이었다.

얼마 뒤, 우리 부대에서 매주 열리는 교육 시간에 한 간부님께서 이런 이야기를 하셨다.

"여러분, 우리 강원도 지역 부대에서 1년에 잔반 처리 비용으로 들어가는 예산이 5억 원이 넘습니다. 여러분들이 식판에 밥을 담기 전에 본인이 과연 이걸 다 먹을 수 있을지 한 번만 생각해 주세요."

장병 대부분은 자신과는 별로 상관이 없다는 듯이 듣고 있었다. 나 역시 별로 관심이 없었고, 교육이 끝나서 생활관으로 돌아가고 있었다. 그런데 그때 얼마 전에 읽었던 《부의 추월차선》의 '니즈를 해결하라' 대목이 생각났다.

'아니, 잔반 처리 비용은 우리 부대의 불편함이 아닌가? 내가 만약 이 문제를 해결한다면 어떤 일이 일어날까?'

그때부터 나는 우리 부대 잔반 처리 비용을 절감할 방법을 찾기 시작했다. 그리고 첫 휴가를 나가서 '잔반 처리 비용 절감 방안 보고서'를 작성해 부대로 복귀했다. 그리고 대대장님을 직접 만나 보고서를 발표하는 기회를 얻었다. 결과적으로는, 내가 제안했던 아이디어가 채택되지 않았다.

그러나 그 일로 인해 나는 대대장님께 '내가 어떻게 군대에 입대하고, 독서를 통해 관점을 바꾸게 되었는지, 그리고 지금은 어떤 삶을 살고 있는지' 말씀드리게 되었다. 이 이야기를 들으신 대대장님은 내게 국방일보에 기고하라고 하셨고, 나의 글이 실리게 되었다. 정말 신기한 일은, 내 기고를 보신 사단장님께서 매우 기뻐하셨고, 그로 인해 상부에서 내 보직을 장갑차 조종수에서 군악병으로 변경하면 좋겠다는 이야기가 나온 것이다. 그 후 나는 군악대 면접을 다시 보았고, 군 생활을 절반 정도 했을 무렵, 장갑차 조종수에서 군악병으로 보직을 변경하게 되었다.

이런 일을 통해 나는 나의 이야기를 책으로 쓰고 싶다는 꿈을 품게 되었다. 어쩌면 나의 이야기가 앞으로 입대하는 대한민국 청년들에게 희망과 용기를 줄 수 있겠다는 생각이 들었기 때문이다. 그때부터 글쓰기 관련된 책을 읽고, 매일 글을 쓰기 시작했다.

그러던 어느 날, 대한민국 국민 누구나 참여할 수 있고, 당선되면 책을 무료로 출간해 주는 '책 출판 프로젝트'를 알게 되었다. 나는 그동안 써왔던 18편의 글을 모아 원고를 제출했다. 정말 많은 사람이 응모했는데, 나의 원고가 1, 2, 3차에 걸쳐 채택되면서 전역 후, 《독서로 군 생활은 예술이 된다》라는 책을 출간할 수 있었다.

그렇게 군대에서 '관점'을 바꾼 나는, '장갑차 조종수'에서 전공을 살린 '군악병', 그리고 '작가'가 되어 전역할 수 있었다.

책 한 권 썼다고 되는 게 아니다

책이 출간되면 군부대 여기저기에서 강연 요청이 쇄도하고, 세상이 나를 알아주리라 생각했다. 그러나 그것은 나의 커다란 착각이었다. 현실은 내 책이 한 달에 5권도 팔리지 않았고, 내가 약 200권이 넘는 책을 여러 군부대에 보냈음에도 아무 소식이 없었다.

2022년 11월 전역하고 사회로 복귀하니 현실은 녹록지 않았다. 나는 어느덧 30살이 되었고, 돈을 벌어야 했다. 2023년 1월, 한 회사에 취직해 열심히 일하기 시작했다. 세후 약 220만 원의 월급을 받으며 한 푼 두 푼 소중히 아꼈다. 월세를 줄이기 위해 30만 원짜리 단칸방 원룸을 구했는데, 이곳은 반지하 못지않게 열악했다. 환기가 되지 않아 곰팡이가 자주 피었고, 바퀴벌레도 간혹 나타났다.

매일 새벽 5시에 일어나 7시 30분 출근 전까지 책을 읽었다. 회사에서는 점심을 알아서 해결해야 했는데, 나는 점심 식비를 아끼기 위해 집에서 감자나 고구마를 챙겨와 점심으로 먹곤 했다. 퇴근 후 집에 오면 다시 책을 읽고 온라인 강의를 들었다. 나름 하루의 루틴을 만들어 실천했고, 주말에는 자기계발에 더 많은 시간을 사용했다.

회사 생활을 하면서도 나의 책을 군부대에 알리기 위해 애썼다. 국방일보에 사비를 들여 광고하고, 네이버 등 온라인 플랫폼에 매달 10만 원가량의 광고비를 지출하며 책을 홍보했다. 내가 복무했던 군부대를 포함한 여러 부대에 재능기부 형태로라도 강연을 할 수 있을지 알아보았다. 그러나 아무리 노력해도, 열심히 찾아봐도 길은 열리지 않았다.

어느 날, 회사에서 일하던 중 갑자기 배가 아프고 온몸이 쑤시며 어지러웠다. 평소 운동과 건강 관리를 꾸준히 해왔기에 의아했지만, 신입사원으로서 반차를 쓰기가 꺼려졌다. 그러나 더는 참을 수 없어 반차를 쓰고 병원에서 링거를 맞고 집으로 돌아와 쉬었다.

그런데 그날따라 냉장고 소리가 이상했다.

"지이이잉~ 탁! 지이이잉~ 탁!"

설마 하는 마음에 반찬통을 확인했는데, 아침에 먹었던 빨간 무말랭이에 곰팡이가 피어 있었다. 알고 보니 중고로 샀던 냉장고가 고장 나, 냉장 기능이 제대로 작동하지 않고 있었다. 나는 상한 음식을 먹고 배탈이 난 것이었다. 그동안 책에서 읽었던 내용이 머릿속을 스쳐 갔다.

"꿈을 꾸면 이루어진다."
"간절히 원하면 반드시 이루어진다."
"세상에 가치를 주는 사람은 부자가 된다."

군대에서 독서를 시작하며 나름 책의 내용을 실천하려고 애썼다. 덕분에 장갑차 조종수에서 군악병으로 보직이 바뀌고, 170권의 책을 읽은 후 '작가'라는 타이틀을 가지고 전역할 수 있었다. 하지만 그런 일들은 군 생활에 한정된 이야기 같았다. 전역 후 사회에서의 현실은 치열했고, 쉽지 않았다. 군부대 강연은 단 한 곳도 성사되지 않았다.

직장 생활을 하며 늘 했던 생각이 있었다.

'어떻게 하면 내 책을 세상에 알릴 수 있을까?'

나는 세상에 높은 가치를 전달하면 내 삶이 행복해지고 아름다워지리라 믿었다. 그러나 점점 더 현실과의 괴리감이 커졌다. 약 5평 남짓한 단칸방 천장을 보며 이런저런 생각에 잠겼다.

'이제 포기할 때가 된 걸까? 꿈은 그냥 꿈인 걸까?'

갑자기 눈시울이 붉어지고 눈물이 흘러내렸다. 그런데 슬픔으로 시작된 '눈물'이 뭔가 설명할 수 없는 뜨거운 '희열의 눈물'로 변해가기 시작했다.

'내가 정도(正道)를 걷고 있구나!'

얼마 전 읽었던 '오프라 윈프리'의 책 《내가 확실히 아는 것들》이 떠올랐다. 오프라 윈프리도 헤아릴 수 없는 어려움에서 그것을 발판 삼아 더 많은 사람을 품고 세상을 아름답게 만들었다. 이런 오프라 윈프리의 모습을 떠올리며, 지금의 나 또한 그런 '과정' 중에 있다는 생각이 들었다. 현재의 어려움이 나에게 꼭 필요한 시간이라는 '확신'으로 바뀌었다.

'상한 음식을 먹고 배탈이 난 일이, 곰팡이 핀 방에서의 시간이 결국 좋은 소재와 밑거름이 될 것이다. 언젠가 내 책이 국방부 진중문고로 선정되고, 장병들에게 희망과 용기를 주는 날이 올 것이다.'

몸은 아팠지만, 마음에서 힘이 솟아났다. 회사 생활을 약 6개월쯤 이어가던 나는 퇴사를 결심했다. 곧 군부대 강연을 다닐 날이 올 텐데, 직장 생활과 병행할 수 없을 것 같아서였다. 2023년 7월 퇴사 후, 아르바이트로 생계를 유지하며 내 책을 알리기 위해 더욱 노력했다.

그러나 그 후 약 1년 동안 상황은 점점 더 나빠져만 갔다.

꿈이 현실로
국방부 진중문고 선정

2022년 11월 전역 후, 약 2년 동안 많은 일이 있었다. 직장을 다니고, 퇴사하고, 또 아르바이트하며 지내던 중 2024년 4월, 결혼하게 되었다.

이번 이야기를 시작하기에 앞서 나의 아내와 가족들에게 진심으로 감사를 전한다. 결혼을 앞둔 당시, 나에게는 꿈과 열정이 있었지만, 현실적인 능력은 없었다. 아직 미래가 보장되지 않은 그런 청년일 뿐이었다. 그런데 나의 아내는 나를 믿어주었고, 특히 장인어른께서 해주셨던 이야기가 내 마음에 큰 힘을 주었다.

"자네, 결혼 생활을 다 갖춰서 하려고 하지 마. 어렵게 시작해. 부부가 같이 그런 과정을 이겨내면서 더 마음이 가까워지는 거야."

그렇게 우리는 조건이 갖추어지지 않은 채로 결혼했고, 나는 꿈을 실현하기 위해 계속해서 정진했다.

2024년 6월, 나는 출판사의 도움으로 '서울국제도서전'에서 저자 사인회를 하는 기회를 얻게 됐다. 이 행사는 우리나라에서 매년 열리는 가장 큰 규모의 도서전이었다. 책을 출간한 뒤 처음 이런 자리에 초대되어 정말 기쁘고 감사했다.

보통 저자 사인회를 하면 한 달 전부터 인스타그램이나 블로그를 통해 홍보를 시작한다. 그런데 나는 '서울국제도서전'을 한 달 앞두고 수술을 받게 되면서 침대에서 일어나지도 못하고 아무 준비도 할 수 없었다. 그렇게 시간이 흘러 사인회 당일이 되었다. 당일 아침, 대전에서 KTX를 타고 서울로 가는 길에 수많은 생각이 떠올랐다.

'내가 괜히 이 사인회를 한다고 한 건가?'
'차라리 다른 작가분들이 하셨으면 좋았을 텐데.'

그러나 인제 와서 바꿀 수 있는 것은 없었다. 자리를 마련해

주신 출판사 측에 괜히 죄송한 마음이 들었다. 그러던 중, 가만히 다시 생각해 보았다.

'나는 오늘 어떤 생각을 선택할 것인가?'

내 현재 상황은 아무것도 준비되지 않았지만, 내 생각만큼은 내가 선택할 수 있었다.

'부정적으로 생각할 것인지, 아니면 긍정적으로 생각할 것인지?'

나는 그날 어려운 상황에서도 긍정적인 생각을 선택하기로 했다.

'비록 나는 아무 준비도 못 했지만, 오늘 나에게 정말 신기한 일이 일어날 거야.'

서울 코엑스에 도착해 국제 도서전이 열리고 있는 행사장으로 들어갔다. 그곳에 가 보니 이미 나보다 먼저 사인회를 하고 계신 작가님을 볼 수 있었다. 그 작가님께서 나를 보자마자 이렇게 말씀하셨다.

"작가님, 정말 쉽지 않아요."

그 이야기를 듣자마자 바로 이해가 됐다. '서울국제도서전'에는 정말 많은 사람이 왔지만, 신인 작가들 앞에는 사람들이 오지 않았다. 이게 현실이었다. 이제 내가 사인을 할 차례가 되었다. 테이블에 앉아 지나가는 사람들에게 웃으며 인사를 건넸다. 표정이라도 밝게 하면 사람들이 와주지 않을까 싶었다. 그러나 10분이 지나고, 15분이 지나도 나에게 오는 사람은 아무도 없었다. 이런 내가 안쓰러웠는지 출판사 대표님이 나서서 홍보해 주셨다.

"여러분! 군대에서 170권의 책을 읽고 책을 출간하신 김동원 작가님이 오셨습니다. 와서 사인받아 가세요~"

그러나 사람들은 더 나를 피하며 지나갔다. 너무 민망했다. 그런데 그때, 나는 곰곰이 생각했다. 내가 이 책을 왜 썼는지, 이 책이 전하려는 가치는 무엇인지. 그리고 마음에 확신이 생겼다.

'이 책은 대한민국을 바꿀 책이다.'
'이 책은 대한민국 장병들을 위한 필독서로 선정될 것이다.'

나는 자리를 박차고 일어나 테이블 앞으로 나왔다. 그리고 책을 손에 쥔 채 지나가는 사람들에게 외쳤다.

"여러분, 혹시 입대하는 아드님이 있으신가요? 입대하는 남자 친구가 있으신가요? 저는 군대에서 170권의 책을 읽고 이 책을 집필했습니다. 책을 통해 '관점'을 바꿀 수 있었고, 도전을 통해 수많은 성과를 얻을 수 있었습니다. 이 책은 대한민국 장병들에게 희망과 용기를 주는 책입니다!"

반복적으로 외쳤다. 그러자 신기한 일이 일어났다. 사람들이 하나둘씩 관심을 보이기 시작했고, 책을 구매하며 사인을 받아갔다. 그러던 중 어떤 분이 명함을 주셨다.

"국방홍보원입니다."

알고 보니 그분은 국방홍보원 국방일보 취재 팀장님이셨다. 취재 팀장님은 내 책을 국방일보에 소개하고 싶다고 하셨고, 얼마 후 내 책은 국방일보 전면 기사에 소개되었다. 몇 주 뒤, 출판사에서 연락이 왔다.

"작가님, 안녕하세요. 잘 지내고 계시죠?"

"네, 감사합니다. 무슨 일인가요?"

"국방부에서 연락이 왔어요. 작가님 책이 국방부 진중문고로 선정되었다고 하네요. 축하드립니다!"

그날 전화를 받으며 온몸에 소름이 돋았다.

'국방부 진중문고?'

내가 바라왔던 꿈이 이루어진 순간이었다. 정말 얼마 후, 내 책은 국방부 진중문고로 선정되어 대한민국 모든 군부대에 보급되었다. 그리고 그때부터 전화기가 뜨겁게 울리기 시작했다.

"작가님, 안녕하세요. 혹시 저희 군부대에 와서 강연해 주실 수 있나요?"

2022년 11월 16일 전역 후, 2024년 9월까지 군부대 강연의 길이 열리지 않았다. 그런데 2024년 10월부터 정말 많은 부대를 다니며 강연하게 되었다. 2023년 6월, 곰팡이 핀 5평짜리 단칸방에서 상한 음식을 먹고 앓아누워 있던 모습이 떠올랐다. 그날의 나를 떠올리며 마음속으로 말했다.

"잘했어. 정말 잘했어."

꿈을 이룬다는 것은 결코 쉬운 일이 아니었다. 그러나 포기하지 않았기에, 꿈을 이룬 순간이 이 세상 무엇을 얻은 것보다도 행복하고 감사했다.

군대에서 책을 만나 '관점'을 바꿀 수 있었다. 장갑차 조종수에서 전공을 살린 군악병으로 보직을 바꾸고, 작가가 되어 전역했다. 그리고 내 책이 국방부 진중문고로 선정되어 대한민국 장병들에게 희망과 용기를 주는 삶을 살게 되었다. 이 모든 일이 군 생활을 기점으로 일어났다.

Thoughts are things
생각이 현실을 만든다

내가 1년 6개월의 군 생활 동안 약 170권의 책을 읽고, 독후감을 적으며 발견한 것은 바로 '이것'이다.

'Thoughts are things.'
'생각이 현실을 만든다.'

나는 '독서'를 시작하기 전까지 내가 가진 '생각'의 힘이 얼마나 놀라운 것인지 알지 못했다. 군대에서 '독서'를 시작하고, 여러 권의 책을 읽으며 수많은 성공자의 이야기를 접하게 되었다. 처음에는 그런 이야기들이 그저 놀라웠지, 나와 아무런 상관이 없는 저 먼 별나라의 이야기인 것만 같았다. 그런데 책을 읽으면 읽을수록 '성공은 대단한 사람만 이룰 수 있는 것이다.'라는 나의 관념에 금이 가기 시작했다. 그리고 점점 성공한 분들의 '성공법칙'이 있다는 걸 알게 되었다. 그분들은 하나같이 자신의 꿈을 현실로 만들기 위해서는 '생각'의 힘을 활용해야 한다고 했는데, 특히 생각(목표)을 종이에 적고 말해야 한다는 것을 강조했다.

대표적인 예로,《비상식적 성공법칙》의 저자 '간다 마사노리'는 이렇게 말했다.

"목표를 종이에 적으면 실현된다.
다시 한번 반복하겠다.
종이에 적으면 실현된다.
그렇다. 종이에 적으면 반드시 실현된다."

《비상식적 성공법칙》 p.53

나는 그때부터 밑져야 본전이라는 마음으로 매일 아침 나의 '생각'을 종이에 적는 것으로 하루를 시작했다.

'나는 군대에서 10권의 책을 읽었다.'
'나는 공모전에서 수상했다.'

신기한 것은, 매일 목표를 적으며 점점 내 생각이 달라지는 걸 느낄 수 있었다. 예전에는 하루를 시작할 때 늘 이런 생각으로 하루를 시작했었다.

'아…. 언제 전역하지? 오늘 점심 메뉴는 뭐지?'

그런데 목표를 적으면서부터는, 하루를 시작할 때 내가 오늘 어떤 일에 집중하고, 나의 하루를 어떻게 보내야 할지에 초점을 맞추게 되었다. 시간이 나면 책을 읽고, 공모전을 위한 글을 적기 시작했다. 그러면서 내가 읽은 책이 10권이 되고, 20권이 되고, 100권이 되고, 전역할 때는 무려 170권의 책을 읽을 수 있었다. 이런 식으로 군 생활 동안 목표 적기를 통해 '특급전사'를 달성하고, 책을 출간하는 등 내가 원했던 많은 꿈을 이룰 수 있었다.

그렇다면 '목표 적기'가 전역 이후에도 유효했을까?

물론이다.

나는 전역 후로도 매일 목표를 적었다.

'내 책은 국방부 진중문고로 선정되어 대한민국 장병들에게 희망과 용기를 주었다.'

'나는 군부대 100군데 이상 다니며 장병들을 위한 강연을 했다.'

정말 신기한 것은, 이러한 나의 목표들이 하나둘씩 다 이루어졌다. 심지어 '결혼'도 목표 적기를 통해 이룰 수 있었는데, 나는 결혼 전까지 매일 이렇게 목표를 적었다.

'나는 2024년 4월, 사랑하는 OOO와 아름다운 결혼식을 올렸다.'

그리고 2024년 4월 13일 토요일, 정말 축복되고 아름다운 결혼식을 치를 수 있었다.

이렇게 나는 군 생활을 기점으로 삶의 놀라운 변화를 얻게 되었는데, 그 변화의 시작점은 바로 '사고력'이라고 생각한다. 나의 사고력을 가장 빨리 그리고 효과적으로 성장시킨 것이 바로 '독서'였다. 책 안에는 수많은 저자의 '생각'이 담겨있었고, 나는 책을 통해 여러 사람의 생각들을 접하게 되면서, '왜 이 사람은 이렇게 생각할까?' 하며 질문을 던지게 되었다. 이에 따라 내 안에 없던 생각들이 나에게 들어왔고, 새로운 삶으로 나를 이끌어 가기 시작했다. 그리고 나는 독서를 통해 이 세상의 많은 물질이 '생각'을 통해 존재한 것임을 알게 되었다.

예를 들어, 나는 이전까지만 해도 스마트폰을 볼 때, '스마트폰이 존재하네'.라고 가볍게 생각했었다. 그런데 가만히 생각해 보니, 500년, 1000년 전에는 스마트폰이 이 세상에 존재하지 않았다. 어느 순간부터 누군가의 마음속에 '스마트폰을 만들어 사람들에게 편리함을 주고 싶다.'라는 생각이 존재했고, 그 생각이 구체화 되면서 스마트폰이 나타나게 되었다. 스마트폰뿐만 아니라 세상의 정말 많은 물질이 이러한 과정을 통해 창조된 것이었다.

《독서로 군 생활은 예술이 된다》책도 마찬가지다. 이 책은 약 3년 전까지만 해도 세상에 존재하지 않았다. 그런데 어느 순간부터 '김동원'이라는 사람에게 '이 책을 집필해서 대한민국 장병들에게 희망과 용기를 주고 싶다.'라는 생각이 일어났고, 그 생각이 구체화 되어 책이 세상에 나타났다.

나는 독서를 통해 이 '생각'의 힘을 알게 되면서, 생각을 구체화하는 '목표 적기'라는 방법으로 지금도 나의 꿈을 현실로 이루어가고 있다. 그리고 이제는 나 혼자만이 아닌 다른 사람들에게도 이러한 방법을 알리고 도움을 주기 위해 '적반이(적으면 반드시 이루어진다)'라는 '카카오톡 오픈 채팅방'을 만들었다. 그리고 이곳에서 여러 사람과 함께 목표를 적으며 꿈을 향해 달려가고 있다.

이 책을 집필하는 현재, 나의 다음 목표는 이것이다.

'나는《적반이》라는 목표 적기 책을 집필해 장병들의 꿈을 이루어 주었다.'

머지않아 이 목표를 이루고 또 다른 목표를 향해 달려갈 나의 모습이 기대된다.

PART 07 》》》

기록으로 삶을 완성합니다

최 영 신

기록연구사(기록물관리 전문요원)
2권의 책을 출간한 작가
2개의 군번을 가진 군인(부사관, 장교)

최영신 작가 소개

고졸 군인에서 기록전문가로

"고졸 군인"

군에 입대한 후, 나를 따라다닌 하나의 수식어였다. 고등학교를 졸업하고 대학에 진학했지만, 첫 학기도 끝내기 전에 나는 모든 것을 내려놓고 군에 가기로 했다. 그 선택의 배경에는 두 가지 이유가 있었다.

첫 번째 이유는 가정의 어려움에서 비롯된, 어쩔 수 없는 두려움이었다. 그 시절 나는 공부를 계속하며 미래를 설계하는 것보다, 지금 당장 먹고살 문제를 해결해야 한다는 현실에 눌려 있었다. 부모님은 매일 힘겹게 살아가고 있었고, 나는 그 무게를 함께 짊어져야 했다. 그 두려움이 나를 압도하면서, 학교에 다니는 것 자체가 점점 더 부담스러워졌다. 그래서 생각했다. "이대로 가다간 내 인생이 어떻게 될까?" 그럴 바엔 차라리 생계 걱정 없는 군에 가서, 조금이라도 이 무거운 현실에서 벗어나 보고자 했다.

두 번째 이유는 내가 선택한 대학 전공에 대한 깊은 불만이었다. 대학에 입학할 때는 장학금을 주겠다는 유혹에 이끌려 전기공학 전공을 선택했다. 그때는 그것이 내가 원하는 길이라고 믿었지만, 현실은 달랐다. 나는 고등학생 때 내내 문과에 맞추어 준비를 해왔다. 그러나 이제 그와 반대되는 이과의 길을 걷고 있었다. 매일 전기와 전자, 그리고 회로를 공부하며, 본성이 아닌 것에 몰두하고 있는 내 모습을 바라보는 것이 너무 고통스러웠다. 나는 마치, 내가 아닌 다른 사람이 되어버린 것 같았다.

결국 나는 도망치듯 군을 선택했다. 그것은 단순히 현실을 피하려는 한 방법이었지만, 그 선택이 내게는 어떤 구원의 손길처럼 느껴졌다. 전공 강의실, 부모님의 걱정 어린 눈빛, 그리고 나를 둘러싼 모든 기대가 나를 짓누르던 그 순간, 군은 그저 그 모든 것에서 벗어날 수 있는 길로 보였다. 나의 길이 아닌 곳에서, 나는 다른 누군가가 되어가고 있었다. 그래서 나는, 그렇게 나를 잃어가는 것보다는 차라리 나를 다시 찾을 수 있길 희망하며 군을 선택했다.

입대 후, 나는 학력이란 것이 얼마나 보잘것없는지 깨달았다. 군이라는 조직에서 중요했던 것은 오직 개인의 전투기술과, 맡은 직책에 대한 전문성이었다. 성공과 인정은 그 누구에게도 공평하게 주어졌고, 그 평가 기준은 단 하나, 각자의 역할을 얼마나 잘 수행하느냐에 달려 있었다. 더욱이 군은 사회와 비교할 때 아니 어쩌면 사회보다 훨씬 더 투명하고 공정한 인사관리가 이루어지는 곳이었다. 이곳에서는 '공정성'이라는 단어가 실질적으로 통용되었고, 그로 인해 나는 시간이 흐를수록 내가 가지고 있던 '고졸'이라는 콤플렉스가 그저 나만의 불필요한 집착에 불과했다는 것을 깨달았다.

하지만 그 콤플렉스는 쉽게 사라지지 않았다. 사람들이 인사처럼 묻는, "어디 학교 다녔어?"라는 질문에 "고졸입니다."라고 대답했는데, 그 말을 할 때마다 내 안에서 자존감이 조금씩 내려가는 것을 느꼈다. 학력이 나를 규정짓는 것처럼 여겨졌고, 그 불편한 진실을 마주할 때마다 마음 한편에 상처가 새겨지는 듯했다. 그래서 나는 그 상처를 어떻게든 치유하고 싶었다. 그 방법으로 선택한 것이 공부였다. 군 복무 중에 나는 어떻게든 고졸이라는 장애물을 넘어서고 싶었다. 그것은 단순히 학력을 넘어서려는 것이 아니라, 나 자신을 더 넓은 세계로 확장하고 싶은 갈망에서 비롯된 것이었을지도 모른다.

'생각하는 대로 된다.'는 말이 떠오른다. 나는 늘 대학에 가는 것을 꿈꾸고, 그 꿈을 간직한 채 시간을 보냈다. 매일같이 어떻게 하면 대학에 갈 수 있을지, 어떻게 공부할 수 있을지를 고민하며, 내 머릿속에서는 끊임없이 그 길을 찾아내려는 생각이 돌아갔다. 그 생각들이 나의 뇌를 계속해서 이끌었기 때문일까. 어느 날, 평소와는 다른 풍경이 내 눈에 들어왔다. 매일 지나가던 길이었는데 평소 보이지 않던 건물이 보였다. 저녁이 깊어가는데도 불구하고 불빛이 환히 켜진 건물이었다. 그 안에서는 사람들이 책을 들고 드나들며, 무언가에 몰두하는 모습이 눈에 띄었다. 그곳은 바로 대학이었다.

내가 근무하던 부대는 대학과 협약을 맺은 곳이었다. 부대 안에는 대학교수님들이 와서 수업을 진행하는 공간이 마련되어 있었고, 나는 그 기회를 마침내 눈앞에 두게 된 것이다. 더 놀라운 점은, 협약 덕분에 그곳에서 공부하는 비용이 사회에서 다니는 것의 반값에 불과했다는 사실이었다. 하사 월급으로도 충분히 감당할 수 있는 금액이었다. 나는 그런 기회를 놓치고 싶지 않았다. 이전부터 나는 하고 싶은 일이 있으면 먼저 저지르고 수습했다. 늘 그래왔듯이 이번에도 그 방법을 택했다. 그날 저녁 상급자에게 보고 후 대학에 등록했다.

학력이라는 콤플렉스의 벽을 넘기 위해 시작한 학업이었다. 학위를 취득하는 것만 생각했다. 그러나 공부를 하다 보니, 점차 다른 것들이 눈에 들어오기 시작했다. 바로 전투복 어깨에 녹색 견장을 달고 다니는 사람들이었다. 평범한 전투복을 입은 이들과는 달리 빛나는 듯했다. 특별해 보였다. 나는 선배들에게 다가가 물었다.

"저것이 무엇입니까?"

선임은 대답했다.

"그건 견장이야. 장교만 달 수 있는 거지."

지휘관 견장은 장교만이 달수 있었다. 부사관 신분에서는 그 견장을 달 수 없다는 사실을 깨닫게 되었다. 특전사에서 지휘관이나 지휘자는 장교만이 존재했다. 부사관인 나는 그 자리에 있을 수 없었다. 어린 시절부터 나는 '대단한 사람'이 되고 싶었다. 그 단어의 정확한 의미를 몰랐지만, '남들과 다른 특별함' 정도로 이해했던 것 같다. 그런 마음속 깊은 곳에서 '대단함'이라는 단어가 새로운 꿈으로 자라기 시작했다. 바로 장교가 되는 것이었다. 장교가 되어, 그 어깨에 견장을 달아보는 것이다.

내 머릿속에서는 장교가 되는 방법을 그려보기 시작했다. 생각이 점점 구체화 되면서 평소엔 보지 못했던 포스터가 눈에 들어왔다.

'간부사관 모집'.

전문대학 이상의 학력 또는 4년제 대학에서 2년 이상 학점을 취득하면 지원할 수 있다는 내용이었다. 그제야 나는 새로운 목표를 얻었다. 내 꿈은 이제 분명했다.

"나는 장교가 될 것이다."

부사관 복무 4년 2개월을 끝으로 나는 장교가 되었다. 야간으로 학업을 했기에 가능한 일이었다. 임관과 동시에 소대장 보직을 받으며, 그토록 원했던 견장을 달 수 있었다. 목표를 이루었다는 생각에 가슴은 벅차올랐고, 그 순간만큼은 내가 그토록 꿈꾸던 '대단함'에 한 걸음 다가선 듯했다. 그러나 그때, 내 머릿속에 떠오른 또 하나의 의문이 있었다. 내가 생각했던 '대단함'이란 무엇인가? 과연 그것은 단순히 특별함에 그치는 것일까, 아니면 어떤 깊은 전문성을 갖춘 것일까? 수년간 내 마음속을 떠나지 않았던 그 질문은 한동안 내 안에서 맴돌며 나를 자극해왔다.

대위로 진급한 후, '대위 지휘참모과정'에서 처음으로 '기록물관리 전문요원'이라는 자격을 알게 되었다. 그것은 공공기관의 기록물을 관리하고, 심지어 그 기록을 폐기까지 할 수 있는 법적 권한을 지닌 사람이었다. 그 순간, 오랫동안 내 머릿속을 자극했던 '대단함'이라는 단어가 다시금 떠오르기 시작했다. 내가 찾고자 했던 그 대단함이 바로 이것이 아닐까? 그러나 그 자격을 얻기 위해서는 '기록관리 석사학위'라는 큰 벽을 넘어야 했다. 대학원 등록금은 1년에 약 1천만 원. 공부의 어려움도 만만치 않았지만, 그 금액 역시 만만치 않았다.

하지만 나는 군인이라는 혜택이 있었다. 국방부 취학추천 덕분에 등록금 50%가 감면되었고, 여기에 더해 '능력개발 위탁교육' 제도를 통해 학기마다 180만 원을 돌려받을 수 있었다. 또한, 서울에 있는 명문대학원도 정원 외 입학이라는 제도를 통해 어렵지 않게 들어갈 수 있었다. 늘 그래왔듯이 '먼저 저지르고 나중에 수습하자.'라는 마음으로 대학원 입학 지원서를 작성했다. 입학하게 되면 퇴근 후 학업과의 전쟁, 절제되고 통제된 생활 속에서 사람들과 관계가 소원해질 일, 그리고 졸업을 위한 대학원 시험의 높은 문턱 등 예상되는 어려움이 많았지만, 나는 '일단 부딪혀 보자.'는 마음으로 질렀다.

서울에 있는 대학원에 합격했다. 예상했던 대로 대학원 공부는 만만치 않았다. 하지만 나는 그동안 내 머릿속에서 나를 괴롭

혀왔던 그 '대단함'에 대한 답을 찾겠다는 마음을 다졌다. 수년간 내가 던진 질문의 끝에, 그 답이 있다는 믿음으로.

2023년 8월,

나는 그토록 간절히 원했던 기록관리 석사학위와 기록물관리 전문요원 자격을 취득했다.

기록의 힘
기억을 넘어서

"오늘 날씨는 맑았다. 참 재미있었다."

우리는 어린 시절부터 삶을 기록하는 법을 배웠다. 누구나 배운 기록법. 바로 '일기'다. 하지만 재미있는 것은, 일기를 쓰라는 말은 들었어도 어떻게 쓰는지 가르침을 받지 못했다는 점이다. 그래서 어린 날의 일기 속 글귀는 대개 이렇지 않았던가.

"오늘 날씨는 맑았다. 이런 일을 했다. 좋았다."

그 단순함 속에서 우리는 일기 쓰기에 흥미를 잃었다. 어른이 된 후까지 일기를 쓰는 이들을 찾아보기란 쉽지 않다. 혹여 성인이 되어서도 일기를 쓰는 이가 있다면, 그들은 오롯이 자신의 힘으로 그 시간을 견디며 어떤 깨달음을 얻어낸, 불굴의 의지를 가진 사람이라 할 수 있을 것이다.

나도 일기를 쓰기로 마음먹은 적은 많지만, 작심삼일로 끝났다. 매일 일상을 적는 것이 때론 부담스러웠고, 하루 이틀을 건너뛰다 보니 그 공백이 몰아쳐 다가왔다. 그러니 어느새 일기 쓰기는 스트레스가 되고 말았다. 그런데 그런 내가 스스로를 '기록 전문가'라 부른다니, 우스운 일 아닌가? 사회적으로는 기록전문가임이 틀림없다. 기록관리 석사학위를 취득했고, 행정안전부에서 발행한 기록관리 전문요원 자격증도 가지고 있다. 심지어 공공기관의 기록물을 폐기할 수 있는 권한까지 지니고 있으니, 분명 '기록전문가'라 불릴 만하다. 하지만 정작 '일기'라는 기록 하나 제대로 쓰지 못하는 내가 기록전문가라고 자칭할 수 있는지에 대한 의문이 들었다.

　그래서 나는 '일기'라는 이 한계를 넘어보고 싶었다. 내가 경험한 모든 감정과 생각을 기록하며, 그것을 나만의 진솔한 이야기로 남기고 싶었다. 그리고 더 나아가, 그 기록을 사람들과 나누며 누군가에게 작은 희망이 되기를 꿈꿨다. 그렇게 나는 진정한 기록전문가가 되기로 결심했다. 그 첫걸음으로 시작한 것이 바로 '3줄 일기'다. 일기라는 무거운 틀을 내려놓고, 하루를 단세 줄로 압축해 담아내는 것이다. 때로는 그날 느낀 따스한 감정일 수도 있고, 때로는 잊고 싶지 않은 삶의 중요한 한 장면이 될수도 있다. 이렇게 하루를 세 줄로 정리하려는 이유는 단순히 시간을 줄이기 위함이 아니다. 여기에 담긴 깊은 목적이 있다. 세 가지로 나누어 설명해 보겠다.

첫째, 간결함 속에서 진심이 드러난다.

삶은 복잡하다. 하루라는 시간에는 수많은 감정, 사건, 그리고 생각들이 엉켜 있다. 이를 모두 기록하려 들면 오히려 본질을 놓칠 때가 많다. 말이 길어질수록 진심은 희미해지고, 기록은 진짜 중요한 것들을 가리기 쉽다. 하지만 세 줄로 제한하면 그날의 가장 의미 있는 순간을 자연스레 골라내게 된다. 글이 짧아질수록 진심은 오히려 더 명확하게 드러난다. 세 줄의 기록은 단순히 줄인 이야기가 아니라, 나의 하루를 압축해 담은 한 장의 사진과 같다고 생각한다.

둘째, 꾸준히 지속할 수 있다.

아무리 좋은 의도로 시작한 기록도 길고 무거운 형식은 부담이 될 수 있다. 시간이 없거나 피곤한 날에는 결국 포기하게 되고, 그렇게 한번 멈춘 기록은 다시 이어가기 어렵다. 하지만 세 줄이라면 다르다. 한 줄, 두 줄, 그리고 마지막 한 줄을 쓰는 데에는 큰 시간이 들지 않는다. 짧은 기록이라도 매일 쓴다면 이는 하루를 돌아보는 습관이 되고, 시간이 지날수록 내 삶의 이야기를 쌓아가는 과정이 된다. 이 작고 가벼운 습관은, 그 자체로 내 삶에 변화를 일으키는 중요한 시작점이 된다.

셋째, 요약을 통해 삶의 본질을 찾는다.

어떤 날은 무엇을 써야 할지 고민되는 조용한 하루가 있다. 반면, 어떤 날은 분주했던 시간과 가득했던 감정을 모두 기록하고 싶을 때도 있다. 하지만 세 줄로 정리해야 한다는 제한 속에서, 나는 자연스럽게 그날의 핵심을 고민하고 선택하게 된다. 이 과정을 반복하다 보면 하루 중 무엇이 가장 중요한 순간이었는지, 무엇을 잊지 말아야 하는지 스스로 깨닫게 된다. 이는 단순히 글쓰기를 넘어, 삶의 본질을 바라보는 연습이 된다. 세 줄의 기록은 나를 더 깊게 들여다보게 하고, 가장 소중한 것들에 집중하도록 이끈다.

그저 하루의 조각들을 잊지 않기 위해 시작한 일기라는 기록이, 어느새 지난날을 되돌아보는 창이 된다. 오래된 일기를 펼쳐보면 단순히 기억을 넘어 그 시절의 추억과 감정, 숨결이 서려 있는 것을 느낄 수 있다. 그 한 줄 한 줄이 우리를 그리운 시간으로 데려가고, 잊고 지냈던 어린 날의 나를 다시 만나게 해줄 것이다.

첫걸음이 완성되었다면, 다음 두 번째 걸음은 '3감'으로 하루를 여는 것이다. 바로 세 가지 감사를 떠올리며 아침을 시작하는 일. 왜 세 가지 감사냐고 묻는다면, 그것은 '관점' 때문이다.

관점이란 참으로 신기하다. 아침에 집을 나서며 '빨간색'을 떠올리기로 마음먹고 문을 열면, 세상이 갑자기 빨간색으로 물든다. 평소 보이지 않던 동네의 우체통이 눈에 들어오고, 상가 거리의 붉은 간판들만 내 시야를 장악한다. 골목을 걷다 보면 빨간 지붕을 얹은 집들이 유난히 눈에 들어오는 것이다. 믿기지 않는다면, 한번 해보라. 관점을 조금 바꾸는 것만으로도 전혀 새로운 세상이 펼쳐진다.

감사도 그렇다. 아침에 세 가지 감사로 하루를 시작하면, 그 작은 고마움이 마치 씨앗처럼 자라나 그 이상으로 풍성한 감사가 마음에 자리 잡는다. 세 가지 감사를 떠올렸을 뿐인데, 하루가 지나면서 또 다른 고마움이 피어난다. 세 가지로 시작하는 이유는 간단하다. 너무 많지 않기에 누구나 쉽게 매일 이어갈 수 있다. 처음에는 일상 속 사소한 감사조차 찾기 어려울 수 있다. 그것은 익숙하지 않기 때문이지 어려운 것은 아니다. 작은 것부터 생각해 보자. 예를 들면 '오늘 새로운 날을 맞이한 것에 감사' 정도면 어떨까. 어느새 감사하는 마음이 익숙해지고, 그 시선에 비친 세상도 함께 따뜻하게 변해갈 것이다.

누군가는 하루 세 줄을 사소하게 여길지도 모른다. 하지만 한 달이면 93줄, 1년이면 1,095줄의 이야기가 쌓인다. 이 작고 소중한 기록들이 내 삶의 퍼즐 조각이 되고, 내가 변화하는 순간의 씨앗이 될 것이다. 그리고 그 기록을 다시 돌아볼 때, 나는 비로소 나의 이야기를 통해 내가 걸어온 길을 이해하고, 앞으로 나아갈 길을 발견할 수 있을 것이다. 3줄 일기와 3가지 감사는 단순한 기록이 아니라, 내 삶의 의미를 발견해 나가는 특별한 여정이 아닐까?

삶의 첫걸음은 '출생신고서'라는 이름 아래 기록으로 남는다. 그리고 마지막 순간조차도 '사망진단서'로 세상에 각인된다. 흥미로운 것은 기록은 생에서 사에 이르는 긴 여정에 우리와 함께하며, 우리가 떠난 뒤에도 홀로 남아 우리의 존재를 대변한다는 것이다. 그래서 옛말에 '호랑이는 죽어 가죽을 남기고, 사람은 죽어 이름을 남긴다.'라는 말이 전해지는 게 아닐까. 기록은 단순히 정보의 집합이 아니다. 그것은 한 사람의 시간, 숨결, 진실을 담아내고 삶의 의미를 곱씹게 한다.

이것이 바로 기억을 넘어선 기록의 힘이다. 기록이란 그저 기억의 흔적이 아니라, 흐려지지 않게 세월에 새기는 우리의 자취이다. 그래서 우리는 기록이 어떻게 우리를 맑고 명료하게, 흔들림 없이 세우는지, 그 힘을 탐구할 필요가 있는 것이다.

　기억을 넘어서는 놀라운 경험을 여러분도 경험해보길 바란다. 매일 세 줄의 일기, 그리고 세 가지 감사로 쌓아가는 하루들이 나의 삶을 더욱 깊고 선명하게 빛나게 할 것이라 나는 믿는다.

시간은 유한한데, 왜 기록은 영원을 말할까

"진짜 이렇게 할 수 있겠어?"

초등학생 아들의 겨울방학이 시작되었다. 아들은 책상에 앉아 무엇인가 열심히 그리고 있었다. 삐뚤빼뚤하지만 정성을 다해 원을 그리더니, 그 원을 하나의 선으로 나누기 시작했다. 그리고 그 위에 무언가를 열심히 적어 내려갔다. 멀리서 그 모습을 지켜보던 나는 절로 미소를 지었다. 작은 손길에서 뿜어져 나오는 진지함과 열정이 대견하고 사랑스러웠다.

한참을 지켜보다가 가까이 다가가 보았다. 종이 위에는 하루 일과표가 빼곡히 적혀있었다. 매일 아침 6시에 일어나 점심때까지 공부하고, 점심을 먹고 나면 책을 읽으며 시간을 보낸다. 저녁 식사 후에는 피아노를 연습하고, 밤에는 잠자리에 든다는 계획이었다. 어린 손으로 적은 계획표는 단정했고, 그 안에는 아들의 결심과 의지가 오롯이 담겨있었다.

나는 웃으며 물었다.
"이 계획대로 할 수 있겠어?"

아들은 고개를 갸웃하며 당차게 대답했다.
"왜요? 이렇게 할 건데요."

그 말 속에는 의심도 망설임도 없었다. 자신감으로 빛나는 아들의 눈을 보며 나는 잠시 생각에 잠겼다. 성취감이란 무엇일까? 나는 성취감이 강도보다는 빈도에서 온다고 믿는다. 작은 성공을 자주 경험하는 것이야말로 삶의 동력을 만들어준다. 하지만 아들의 방학 계획은 지나치게 빡빡했다. 너무 높은 기준은 오히려 실패로 가는 지름길이 될 수도 있다.

나는 부드럽게 말했다.
"6시에 일어나면 점심 먹는 12시까지 6시간이야. 6시간 동안 쉬지 않고 공부할 수 있을까? 아빠 생각에는 공부는 1시간만 해도 충분해. 중간중간 쉬는 시간도 넣고, 게임하는 시간도 넣어도 괜찮아."

내 말을 들은 아들은 환한 미소를 지으며 계획표를 수정하기 시작했다. 게임과 쉬는 시간을 허락받은 그는 마치 처음부터 그렇게 하려는 듯 자연스럽고 즐겁게 펜을 움직였다.

그 모습을 보며 나는 문득 떠올렸다. 나도 어린 시절 방학이 되면 방학 계획을 작성하곤 했다. 그것은 지키기 위한 계획이라기보다는 숙제였다. 선생님에게 칭찬받고 싶어서, 어려운 문제의 답안처럼 꼼꼼히 작성했던 계획. 하지만 방학이 끝나면 그 계획은 조용히 접어두고 잊어버렸다. 그리고 다시 방학이 오면, 그 계획을 꺼내 새롭게 작성했다.

그런데 왜 계획을 세울까?
그냥 되는대로 흐름에 맡기고 살아도 되지 않을까?

이 질문에 대한 답은 분명하다. 그것은 바로 시간의 유한함 때문이다. 모든 사람에게 시간은 유한하다. 누구에게나 하루는 24시간이고, 그 이상의 시간을 살 수는 없다. 하지만 어떤 이는 그 24시간을 넘어선 삶을 살기도 한다. 마치 하루를 30시간처럼 확장하는 사람들. 그들은 시간의 한계를 넘어서려 애쓰며, 그렇게 그들의 인생은 더 길고 깊어진다. 그리고 그들은 항상 시간을 효율적으로 쓰기 위해 계획하고 기록한다.

그들은 하루 1,440분을 자신의 의지로 계획하고 실천한다. 시간을 마치 손안에 쥔 것처럼 하나하나 조율하며 살아간다. 시간은 스쳐 지나가는 것이 아니라, 자기 뜻대로 조율하며 만들어 가는 의미 있는 순간이 된다. 그리고 그 순간들이 모여 삶이라는 이야기를 완성해 간다.

시간은 그 자체로 가장 소중한 자원이다. 우리가 가진 돈이 아무리 많아도, 한 번 지나간 시간을 되돌릴 수는 없다. 유한한 시간을 어떻게 사용하느냐에 따라 우리의 삶은 달라지고, 우리가 그 시간을 어떻게 기록하느냐에 따라 우리의 존재는 깊어진다.

겨울방학이라는 짧은 여백 속에서 아들은 새로운 계획을 세우고, 시간을 다듬는 법을 배우고 있다. 어쩌면 아들은 이제 막 시간의 비밀을 깨닫기 시작한 것일지도 모른다. 그의 작은 손끝에서 만들어질 하루하루가 빛날지 아니면 어둠 속에 가려질지는 오롯이 그의 몫이다. 문제는 방학 계획으로 끝나서는 안 된다는 것이다. 나는 방학이 끝나더라도 아들의 계획은 계속되기를 바란다.

"효율적인 시간 사용, 기록으로 시작된다"

우리는 시간을 효율적으로 사용해야 한다. 시간을 효율적으로 사용하는 법은 의외로 단순하다. 기록하는 것, 바로 그것이 시작이다. 종이에 적든, 휴대폰에 기록하든, 중요한 것은 적는 행위 그 자체다. 수첩이든 휴대폰이든 그것은 중요하지 않다. 중요한 것은 자신에게 맞는 방식, 그리고 지속성을 담보할 수 있는 도구를 찾는 일이다. 나에게는 그것이 휴대폰이었다.

하루를 마무리하며 잠들기 전, 나는 휴대폰을 열어 조용히 내일을 정리한다. 하루를 앞서 계획한다는 것에는 깊은 의미가 담겨있다. 잠들기 전 내일의 일정을 정리하면, 우리의 뇌는 잠든 동안에도 그 계획을 차곡차곡 정리하며 때로는 가장 효율적인 실천 방안을 탐구한다. 이는 마치 내일을 준비하는 무의식적 연습과도 같다.

여유 있게 계획하자. 물론 하루를 분 단위로 쪼개어 치밀하게 계획할 수도 있다. 하지만 지나친 완벽주의는 오히려 부담이 되어 마음의 여유를 빼앗을 뿐이다. 그래서 나는 시간을 넉넉히 숨쉴 수 있게 설계하는 것을 권한다. 여유는 단순한 사치가 아니라, 우리가 계획을 온전히 실현할 수 있도록 돕는 공간이다.

핵심은 해야 할 일을 기록하고 우선순위를 세우는 데 있다.

계획은 하루를 가장 중요한 것에 집중하게 하고, 시간의 가치를 극대화한다. 무엇이 진짜 중요한가? 무엇이 나를 앞으로 나아가게 하는가? 이런 질문에 답하며 적어 내려간 계획과 키워드는 하루를 살아가는 나의 나침반이 된다.

계획은 단순한 목록이 아니다. 그것은 내 삶의 방향을 잡아주는 나침반이자, 어두운 길을 밝혀주는 등불이다. 하루하루 쌓여가는 그 빛은 결국 내가 꿈꾸는 내일로 향하는 길을 환히 비춰줄 것이다.

적어라. 그리고 시작하라.
시간은 그렇게, 한 줄의 기록 속에서 다시 흐르기 시작한다. 하루를 시작하며 내가 오늘을 어떻게 보낼 것인지 계획하고, 매 순간을 어떻게 활용할 것인지 고민하는 사람이 되어야 한다. 나의 시간은 나의 것이기 때문이다. 시간을 어떻게 사용할지는 전적으로 나에게 달려있다. 하루하루를 의미 있게 만들기 위해서는, 그 하루를 미리 계획하고, 그 계획을 실천하는 것이 가장 중요하다. 결국 시간을 계획하는 사람만이 그 시간을 온전히 누릴 수 있고, 그 시간 속에서 진정한 가치를 발견할 수 있을 것이다.

향기를 품고 다채로운 색을 걸친 꽃이 피어난다. 그 꽃은 참으로 아름답고 눈길을 사로잡는다. 하지만 그 찬란함은 오래 머물지 않는다. 아무리 애정을 쏟아 가꿔도, 시간은 꽃의 빛을 점차 바래게 하고, 결국 시들고 만다. 그런데도 우리는 꽃을 아름답다고 말한다. 왜 순간에 불과한 것을 아름답다 여기는 걸까? 어쩌면 아름다움이란 본디 영원하지 않기에 더 빛나는 것일지 모른다. 꽃이 그러하듯, 우리의 인생 또한 그 유한함 속에서 피고 지는 것이 아닐까.

결국 하루를 더 길게 살아가는 것, 매 순간을 깨어있는 마음으로 맞이하며 기록하는 것이야말로 우리의 유한한 삶을 영원에 닿게 하는 길이라고 나는 믿는다.

작은 기록의 중요성
우리는 완벽하지 않다

"내 말, 제대로 알아들었어!?"

보통의 군인들은 전투복 상의 주머니에 작은 수첩을 하나씩 넣고 다닌다. 왜일까? 이유가 단순할 것 같지만 그 무게는 절대 가볍지 않다. 이유는 기록이다. 기록은 군인의 책임이자 생존이다. 상급자의 한마디, 작전회의에서 나온 지침, 예상치 못한 상황에서의 긴급한 지시까지. 기억은 불완전하기에, 기록만이 우리의 손에 남는 유일한 증거가 된다.

하지만 현실은 종종 이상과 다르다. 상급자가 지시를 내릴 때 고개만 끄덕이는 이들이 있다. 수첩은 손에 쥐지 않고, 머리로만 기억하려 애쓴다. 이를 본 상급자의 얼굴에는 금세 그늘이 드리워진다.

"내가 무슨 말 했는지 정확히 알겠어? 메모도 안 하고 다 기억할 자신 있어?"

이 한마디는 단순한 꾸중이 아니다. 바로 불신의 시작이다. 기록하지 않는 태도는 상대의 말을 가벼이 여기는 듯 보이고, 신뢰의 균열을 만든다. 그렇게 하루의 피로는 어쩌면 이런 사소한 부주의에서 비롯되는지도 모른다.

'우리의 기억은 완벽하지 않다.'

우리의 기억은 불완전하다. 이는 누구나 인정해야 할 사실이다. 뇌리에 선명하게 남아있는 것 같았던 말도, 시간이 지나면 흐릿해지고 왜곡된다. 그래서 메모는 단순한 선택이 아니라 생존을 위한 필수다.

그러나 수첩을 들고 다니는 것만으로 모든 문제가 해결되는 것은 아니다. 메모 습관이 익숙하지 않으면, 수첩은 빈껍데기에 불과하다. 내가 처음 메모를 시작했을 때를 떠올리면, 그저 열심히 적기만 했던 모습이 떠오른다. 회의 중 상급자의 지시를 처음부터 끝까지 한 글자도 놓치지 않으려다 보니, 내 메모는 온갖 단어로 뒤엉켰다. 나중에 펼쳐보면 무슨 말을 들었는지조차 기억나지 않았다. 메모 속 문장은 시작만 있고 끝은 없거나, 의미가 흐려져 있었다. 기록했지만, 기억하지 못한 셈이었다.

'키워드를 먼저 적어라!'

메모 습관을 고치기 위해, 나는 '키워드 중심의 메모'를 시도했다. 처음부터 끝까지 모든 말을 기록하려 애쓰기보다는, 핵심 단어만 골라 적는 방식이었다. 이를 통해 나는 말의 흐름을 놓치지 않으면서도 중요한 내용을 효율적으로 정리할 수 있었다.

이를테면 상급자가 다음과 같은 지시를 내렸다고 해보자.

"이번 부대 개방 행사는 홍보가 중요하니까 지자체, 예를 들면 시청과 구청 행정국 담당자들과 협조하고, 우리 지역 주변 학교에도 공문을 발송하도록 해. 또 부대 출입 시 많은 사람이 몰릴 테니 위병소 혼란을 방지하기 위해 안전요원을 미리 배치하고, 필요하면 군사경찰까지 투입해서 안전을 확보하도록 하자."

과거의 나는 이 모든 내용을 빠짐없이 적으려다 보니, 끝내 중요한 요소들을 놓치곤 했다. 하지만 키워드 중심으로 메모를 한다면 다음과 같이 적을 수 있다.

  ＊ 메모: 홍보 중요 / 시청·구청 행정국 협조 / 주변 학교 공문 발송 / 위병소 혼란 대비 / 안전요원·군사경찰 배치

  짧은 키워드들은 메모를 다시 펼쳐볼 때 기억의 실마리가 된다. 단어 하나하나가 그 순간의 맥락과 상급자의 말투까지도 떠올리게 한다. 키워드는 나의 뇌리에 중요한 것을 남기고, 불필요한 것을 덜어내는 작은 마법이었다. 메모는 단순히 글씨를 적는 행위가 아니다. 그것은 상대의 말을 귀하게 여기고, 명확히 기억하고자 하는 의지의 표현이다. 수첩 한 권과 펜 한 자루가 만들어내는 차이는 생각보다 크다.

  '메모는 기술이다.'

  처음엔 누구나 서툴다. 연필을 쥔 손끝이 어색하고, 적힌 단어들은 도무지 흐름을 따라가지 못한다. 하지만 메모라는 기술은 시간이 지날수록 숙련된다. 그것은 단순히 글씨를 적는 행위가 아니다. 삶의 복잡한 퍼즐을 풀어내는 과정이다.

메모는 긴 산길을 걸으며 방향을 찾는 나침반과 같다. 나침반이 없으면 걸음은 방황이 되고, 목적지는 점점 멀어진다. 하지만 나침반을 손에 쥔 순간, 우리는 비로소 발걸음을 올바른 방향으로 내디딘다. 메모도 그렇다. 무질서한 생각과 정보 속에서 메모는 길을 잡아주는 역할을 한다. 펜과 수첩은 단순한 도구가 아니라, 흐릿한 기억을 선명한 지도로 바꿔주는 마법 같은 도구다.

어디서부터 시작해야 할지 모를 때, 단 하나의 키워드가 실마리가 되어준다. 중요한 순간에 적힌 몇 글자는 혼란 속에서도 나침반처럼 나아갈 방향을 알려준다. 우리는 완벽하지 않다. 그리고 우리의 기억도 그렇다. 뇌리는 쉽게 흐려지고, 세부적인 것들은 무심히 사라진다. 사람은 스스로 기억의 한계를 인정할 때 비로소 지혜로워진다. 메모는 바로 이 한계를 겸허히 받아들이고 이를 보완하는 도구다. 적힌 글자들은 시간의 흐름 속에서도 사라지지 않는 약속이 된다.

메모가 단지 기록의 도구일 뿐이라고 생각하는가?

그렇지 않다. 메모는 책임이다. 상급자의 지시를 적는 수첩 한 권은 단순한 기록 이상의 의미를 지닌다. 그것은 말하는 사람에 대한 존중이며, 듣는 사람의 책임감과 신뢰를 증명하는 도구다. 메모는 단순한 습관처럼 보인다. 하지만 그 작은 습관이 만드는 변화는 크고 깊다. 수첩에 적힌 몇 줄의 기록이 당신을 중요한 순간에 구원할 것이다. 지친 기억이 흐려졌을 때, 수첩 속 글자는 당신의 날개가 되어줄 것이다.

그러니 메모를 연습하자. 서툴다고 멈추지 말고, 단 하나의 단어라도 적는 데서 시작하라. 핵심을 찾아 적고, 흐름을 붙잡아라. 시간과 함께, 당신의 메모는 날카로운 칼처럼 예리해질 것이다.

기억은 불완전하다. 하지만 그 불완전함을 메모로 꿰맬 수 있다. 당신의 수첩은 단지 글자로 가득한 종이가 아니다. 그것은 당신의 삶에 질서를 부여하고, 신뢰를 쌓으며, 시간을 거슬러 살아남는 흔적이다. 오늘도 작은 수첩 한 권이 당신의 하루를 지탱할 것이다. 그리고 그 수첩 속 단어들이 당신의 삶을 더 깊고 넓게 만들어줄 것이다.

기록을 넘어서
삶을 예술로 만드는 과정

기록은 단순한 행위처럼 보인다. 펜 끝에서 흘러나오는 단어들, 손가락으로 눌러쓴 키보드의 글자들. 그러나 기록은 그 자체로 삶을 가두는 그릇이자, 순간을 영원으로 만드는 마법이다. 기록은 단순히 지나간 시간을 붙잡는 것이 아니라, 그 시간을 재구성하고 재해석하며, 나아가 삶을 예술로 승화시키는 과정이다.

기록은 순간을 붙잡는 일이다.

단순히 기억을 저장하는 행위에 그치지 않고, 그 안에서 숨겨진 가치를 발굴하고 추출하는 작업이다. 어릴 적 나는 늘 대단한 사람이 되고 싶었다. '대단한 사람'이란 무엇인지 정확히 알지 못했지만, 남들보다 조금 더 특별하고 의미 있는 일을 하는 존재라고 생각했다. 그래서 나의 첫 꿈은 단순하면서도 원대한, '대단한 사람'이 되는 것이었다. 그 다짐을 어릴 적 일기장에 또박또박 적어 내려갔다.

"나는 대단한 사람이 될 것이다."

그 짧은 한 문장은 이후 내 삶을 지배하는 좌표가 되었다. 나는 스스로에게 질문을 던지기 시작했다. 대단함이란 무엇일까? 그곳에 도달하려면 무엇을 해야 할까? 처음엔 막연하고 추상적이기만 하던 그 단어가, 시간이 흐르며 점차 구체적인 실체를 갖추어 내 앞에 모습을 드러냈다. 어쩌면 그때의 기록이, 내가 미처 알아채지 못한 미래의 씨앗을 품고 있었던 것은 아닐까?

기록은 평범했던 한 꼬마 아이의 일상을 예술로 변화시켰다. 한 권의 낡은 일기장에 남겨진 다짐은, 결국 나를 그 방향으로 이끌었다. 기록은 단순히 지나간 순간을 붙잡는 데 그치지 않고, 나의 삶을 더 깊이 이해하고 미래를 설계하는 창이 되어주었다. 기록이란 삶에 질문을 던지는 행위이며, 그 질문 속에서 우리는 우리가 될 사람을 발견하는 것이라 나는 믿는다. 이처럼 기록은 순간을 넘어, 미래까지 품고 있는 예술이다.

기록은 단순히 정보를 저장하는 데 그치지 않고, 그 안에 이야기를 담아낸다. 프랑스 작가 마르셀 프루스트는 어린 시절의 기억을 떠올리며 '마들렌'의 향기를 기록했다. 그 단순한 기록은 향기 그 이상이 되었다. 한 개인의 인생과 시간, 관계를 아우르는 거대한 서사로 확장되었기 때문이다.

우리의 일상도 다르지 않다. 매일 바라보는 창밖 풍경, 아침 커피를 마시며 들은 음악, 친구와 나눈 대화. 이 모든 것은 기록을 통해 특별한 이야기가 될 수 있다. 일 밤 일기를 쓴다면 자신의 하루를 예술로 재해석해보는 건 어떨까? 단순히 "오늘 날씨는 맑았다"라고 적는 것이 아니다. 날씨가 자신의 마음에 어떤 흔적을 남겼는지, 그 하루가 자신을 어떻게 변화시켰는지를 써 내려가는 것이다.

"바람은 차가웠지만, 그 속에서 내 심장은 더 따뜻하게 뛰었다. 하늘의 푸르름은 내 안의 불안을 잠재웠고, 나는 다시 살아 있음을 느꼈다."

이렇게 작성된 일기장은 단순한 날씨 보고가 아니라, 하루를 예술로 승화시킨 기록이 된다.
그리고 이러한 기록은 나와 타인을 연결하는 다리가 된다. 부모는 자녀의 첫걸음을 기록하고, 연인은 처음 나눈 대화를 적으며, 친구는 여행의 추억을 공유한다. 그 기록은 단순한 정보가 아니라, 서로를 더 깊이 이해하고 공감하게 만드는 통로가 된다.

얼마 전, 할아버지께서 세상을 떠나셨다. 그리 오래되지 않았지만, 나는 할아버지와 나누었던 대화를 조용히 적어두었다. 평범한 날들 속에서 건네진 이야기들이었지만, 그 기록은 이제 내게 아주 특별한 의미로 남았다. 할아버지의 목소리는 더는 들리지 않지만, 그의 말은 내 수첩 속에서 여전히 살아 숨 쉬며 나와 대화를 이어가고 있다.

기록은 단순히 과거를 붙잡는 행위가 아니다. 그것은 삶의 순간들을 이어 붙여 관계를 지속시키고, 지나간 시간과의 대화를 가능하게 하는 영혼의 언어다. 기록은 사라진 것들을 기억하는 데 머물지 않는다. 그것은 우리가 걸어온 길을 되짚어보게 하고, 그 길 위에 새로운 빛을 비춰 앞으로 나아갈 방향을 보여주는 등불이 된다.

기록이 없었다면 나는 할아버지의 이야기를 이렇게 생생하게 되새길 수 있었을까? 한 줄 한 줄 적어 내려간 말들이 나의 손끝에서 시간을 넘어 살아났고, 지금도 내 곁에서 속삭이고 있다.

기록은 단순한 보존이 아니라, 소중했던 순간들에 생명을 불어넣는 행위다. 기록을 통해 우리는 과거와 대화를 나누고, 현재를 바라보며, 미래를 꿈꿀 수 있다고 믿는다.

삶을 예술로 만드는 기록은 무엇이 다른가?

첫째, 느낌을 담아라.

기록은 사건의 나열이 아니라, 그 사건이 당신에게 남긴 흔적과 울림을 담아야 한다. 단순히 "오늘 회의가 있었다"라고 적는 대신, 그 회의가 당신에게 어떤 의미였는지, 어떤 감정을 불러일으켰는지 표현해 보라.

"회의실 창문 너머로 햇살이 내리쬐었다. 상사의 한 마디에 내 마음에 드리운 그늘도 어느새 사라졌다. 때로는 한 줄기 빛 같은 말이 하루를 살게 한다."

이처럼 느낌이 담긴 기록은 그저 정보를 넘어서, 한 사람의 하루를 살아있는 이야기로 만들어준다.

둘째, 상상력을 더하라.

기록은 현재를 적는 데 그치지 않고, 미래를 상상하게 만드는 도구다. 오늘의 한 줄이 내일의 이야기가 될 수 있도록 꿈과 가능성을 더하라. 예를 들어, "오늘 새싹이 돋았다"라는 기록에 그치지 말고, 그것이 어떻게 성장해 당신의 삶에 어떤 변화를 가져올지 그려보라.

"작은 새싹을 보았다. 언젠가 이 나무가 자라 꽃을 피우고, 내가 그 아래서 휴식을 취하는 날을 상상했다."

기록은 단순히 과거의 재현이 아니라, 미래의 씨앗을 심는 행위다.

셋째, 공유의 용기를 가져라.

기록은 나만의 비밀이 아닌, 타인과의 연결고리가 될 때 더 큰 힘을 발휘한다. 친구에게 보내는 짧은 손편지, SNS에 올리는 한 줄의 생각, 누군가와 나누는 일상의 대화 속에서도 기록은 살아 숨 쉰다. 한 어머니는 아이가 그린 첫 그림을 기록하며 친구들과 나눴다. 그 기록은 아이에게는 응원의 메시지가 되고, 친구들에게는 따뜻한 미소를 선물했다. 기록을 나누는 순간, 그것은 나만의 것이 아니라 모두의 이야기가 된다.

기록은 단순히 과거를 담는 그릇이 아니다. 기록은 우리를 현재와 마주하게 하고, 미래를 향한 길을 열어준다. 삶은 단순히 기억의 나열이 아니다. 기록은 그 기억을 엮어 새로운 의미를 만들어내는 도구이며, 우리 존재의 흔적을 남기는 방식이다.

펜을 들어라. 무엇을 적을지 고민하지 말고, 지금 떠오르는 생각이나 감정, 그리고 희망을 적어라. 기록은 완벽해야 할 필요가 없다. 중요한 것은 그 순간을 붙잡고, 그것을 통해 자신을 발견하는 일이다. 오늘 적은 한 줄이 내일의 당신을 더 깊고 넓게 만들어줄지도 모른다. 삶은 단순히 흘러가는 순간들의 모음이 아니다. 기록을 통해 재창조되고, 다시 살아나는 순간들의 집합이다. 기록은 시간을 초월해 당신의 이야기를 더 오래도록 살아 있게 만든다.

기록은 예술이다. 그것은 삶의 조각을 담아내는 캔버스이자, 일상의 풍경을 특별한 의미로 채색하는 붓이다. 기록을 통해 우리는 단순한 나날을 예술로 변모시킬 수 있다. 그렇게 기록은 삶을 채우고, 삶은 다시 기록을 통해 풍성해진다.

그러니 오늘도 펜을 들어라. 적어야 할 것이 떠오르지 않더라도, 무엇이든 시작하라. 당신의 한 줄 한 줄이 쌓여, 결국 당신은 삶의 예술가가 될 것이다. 기록은 삶을 넘어서는 힘이다. 그 힘을 통해 우리는 자신을 이해하고, 타인과 연결되며, 더 나은 내일을 꿈꿀 수 있다고 나는 믿는다.

PART 08   〉〉〉

군대에서 창업을 할 수 있다고?
머릿속에 있는 아이디어를 현실로 가져오기
내가 가진 아이디어를 잘 표현하는 방법
창업경진대회의 꽃, 범부처 대회 도전! K스타트업
2년 연속 도전하면서 얻은 것들

아이디어 하나로 창업하기

함 현 찬

국방창업경진대회 최우수상
정부 주관 K-스타트업 경진대회 본선 진출
군인을 위한 명품 독서 모임 〈독하군〉 운영진

함현찬 작가 소개

군대에서 창업을 할 수 있다고?

"녹하군(녹색 사업을 하는 군인)"

팀 명패. 원탁 의자. 고급스러운 천들과 공간을 가득 채우는 사회자의 목소리. 내 앞에는 긴장된 표정으로 팀원들이 시상식 테이블에 앉아있다. 방금 우수상 발표가 끝났다. 우리 팀이 우수상 발표에 불리지 않았다. 그렇다면 우리 팀의 결과는 최우수 또는 대상. 팀원들은 모두 놀란 표정이다. 우리 팀은 어디까지 갈 수 있을까?

창업에 관심을 가졌던 건 아내와 결혼하기 시작하면서부터다. 좋은 남자가 되기 위해 책을 읽었다. 읽다 보니 재테크와 사업에 관련된 책을 손에 들었다. 부동산이나 주식은 가지고 있던 돈이 없었기 때문에 바로 할 수 없었다. 사업은 아이디어, 능력만 있다면 어떻게든 할 수 있을 것 같았다. 성공만 한다면 많은 돈을 벌 수 있을 거로 생각했다. 당시 AI가 미래 산업을 주도할 거란 의견을 책에서 접했다. AI 책을 수십 권 사놓고 공부를 시작했다. 하지만 난 문과생. AI 알고리즘을 다루기 위해 기본적으로 알아야 하는 선형대수학은 1페이지도 못 넘겼다.

책을 읽으면서 생겼던 근거 없는 자신감은 금세 곤두박질쳤다. 무엇이라도 다 할 수 있을 거란 확신은 선형대수학 책자 첫 페이지에서 무너졌다. 확신이 무너지던 그때, 첫째가 태어났고 1차 중대장을 하게 됐다. 스크래치 난 자신감과 현실이 겹치면서 사업의 꿈은 점점 희미해져 갔다.

5년 뒤.
가끔 유튜브 EO(스타트업 전문채널)에 올라온 콘텐츠를 보면서 창업에 대한 막연한 꿈을 꾸곤 했다. 스타트업의 세계가 있다는 걸 알고선 맨땅에 헤딩하는 사업 말고 멋진 스타트업 하나를 만들고 싶었다. 독서를 하면서 달라진 점은 독서 커뮤니티에 들어간 것이었다. 혼자서 읽고 책을 덮어 끝내는 것이 아니라, 여럿이서 책에 대한 생각을 공유하고 실천하는 독서를 시작하게 됐다.

"현찬아, 너 나랑 창업경진대회 한번 해볼래?"

독서 커뮤니티를 이끌던 최영웅 소령이 제안을 해왔다. 창업 경진대회? 언뜻 육군 홈페이지 공지사항에서 본듯한 단어였지만 정확히 알지는 못했다. 하지만 창업이라는 말을 듣자마자 가슴이 뛰기 시작했다. 머릿속에만 있었던 창업을 행동으로 실천해볼 중요한 기회라는 생각이 들었다.

제안에 바로 응했다. 바로 부대에서 팀원들을 구했다.

소대장, 인사과장, 용사(병). 부대에서 그동안 잘 지켜봤던 친구들에게 제안했다. 감사하게도 모두 해보고 싶다며 팀원으로 합류했다. 우리는 바로 아이디어 회의를 시작했다.

먼저 창업경진대회에 대해서 파악했다.

군의 창업경진대회는 각 군에서 먼저 개최한다. 육군, 공군, 해군, 해병대 각 4개 군에서 대회를 연다.

대회는 예선과 본선으로 나눠진다. 예선은 사업계획서를 작성하여 제출하면 서류심사를 한다. 예선을 통과하면 본선에서 발표를 통해 수상자를 선발한다.

각 군의 본선 진출자들은 순위와 별개로 국방부 창업경진대회(국방 Start-up 챌린지) 예선에 참가할 수 있다. 국방부 대회는 예선과 결선, 최종전으로 구성되어 있다.

예선은 각 군 대회와 마찬가지로 사업계획서로 서류심사를 한다.

결선은 예선통과자들 대상으로 현장 발표평가를 진행한다.

결선을 통과하면 2박 3일 동안 워크샵(최종전)을 통해 순위를 부여한다.

국방부 대회 최종전 진출자들은 범부처 대회인 '도전! K-스타트업' 통합본선에 출전할 기회를 부여받는다. 도전! K-스타트업은 국방부뿐만 아니라 교육부, 중기부, 환경부 등 10개가 넘는 부처에서 각 대표 팀들을 선발하여 겨루는 대한민국 최대 창업 경진대회이다.

스타트업을 준비하는 사람들 사이에서는 도전!K-스타트업 통합본선에 진출하는 것 자체가 하늘의 별 따기라고 한다.

우리는 목표를 도전! K-스타트업까지 진출하는 것으로 설정했다. 육군대회와 국방부 대회에서 수상하는 것은 당연하게 생각했다. 군에서 지원하는 멘토링을 신청해서 창업 멘토를 섭외까지 했다.

그동안 갈고 닦아온 군대 행정 업무 능력 덕분에, 사업계획서를 쓰는 건 문제가 안 될 거로 생각했다. 스타트업에 대한 책과 콘텐츠를 보면서 어느 정도 창업에 대한 이해도가 높기도 했다. 열정 넘치는 팀원들이 있고 우리 팀을 도와줄 창업 멘토도 있다.

이제 시작만 하면 된다.
그런데 아이디어가 안 나왔다.

창업경진대회의 꽃은 아이디어. 두 달이 넘도록 수많은 회의를 진행했지만 참신한 아이디어가 나오지 않았다. 팀원 모두가 동의하는 아이디어조차도 없었다.

'지금 뭐 하는 거지? 이렇게 비생산적인 회의를 계속 진행해야 하나?'

회의감이 점점 짙어질 때 용사 팀원인 은준이의 말 한마디로 분위기가 반전됐다.

"요즘 플라스틱 문제가 많은데 이거 해결해보는 게 어때요?"

머릿속에 있는 아이디어를 현실로 가져오기

창업경진대회, 스타트업은 이 논리로 발표하고 사업계획서를 작성한다.

PSST
Problem(문제인식)
Solution(해결책)
Scale-Up(성장전략)
Team(팀)

사업계획서를 작성할 때 반드시 준수해야 하는 일종의 논리 구조다. 창업경진대회 심사위원들도, 스타트업에 투자하는 투자자들도 PSST를 바탕으로 아이디어를 평가한다. 우리 팀은 플라스틱 문제를 해결하는 아이템을 개발하기로 했다. 플라스틱 쓰레기라는 문제점(Problem)으로 아이디어가 시작한 것이다.

(Problem – 문제인식)

플라스틱 재활용에서 어떤 문제점이 있을지 구체적으로 분석했다. 플라스틱은 종류가 7가지나 되는데 재활용을 하려면 종류별로 분류가 되어야 한다. 하지만 버릴 때부터 종류 구분 없이 버리게끔 분리수거 시스템이 정착되어 있다. 플라스틱을 모두 수거하고 난 뒤 종류별로 분류할 때 수작업으로 작업한다고 한다. 우리 팀은 해결할 플라스틱 문제를 수거와 분류로 선정했다.

(Solution – 해결책)

수거와 분류 문제를 어떻게 해결할 수 있을까? 논문과 특허를 보면서 기술을 찾아보기로 했다. 당시 팀에서 유일하게 이과였던 양기웅 대위가 적극적으로 알아봤다.

플라스틱 분류가 가능한 기술은 많이 있었다. 그중에서 한국지질지원연구원에서 개발한 정전기 분류기술이 눈에 띄었다. 우리는 이 기술을 해결책(Solution)으로 발전시키기로 했다. 정전기 분류기술은 플라스틱이 종류별로 전극을 다르게 띄는 특성에 착

안한 기술이다. 예를 들어, PP와 PE 플라스틱 2종류가 있다. PP
와 PE를 서로 마찰시켜서 정전기를 발생시키면 PP는 +전극을,
PE는 -전극을 띄게 된다. 전극을 띤 플라스틱들을 각각 반대되
는 전극을 띤 전류판에 내려보내면 자석처럼 붙게 되는 원리다.

이 분류기술을 활용해서 수거까지 모두 해결하려면 자판기
형태의 플라스틱 수거/분류 기계를 만들어야 했다. 기계를 분리
수거장에 위치시켜서 사람들이 플라스틱을 넣으면 파쇄하고 정
전기 분류기술로 종류별로 분류해 저장하는 형태로 솔루션을 발
전시켰다. 사람들이 플라스틱을 넣으면 AI 이미지 센서로 인식
해서 확인되면 리워드를 제공하는 방법도 고안해냈다. 정확한
문제점 파악과 솔루션 개발을 통해 우리 팀은 회의를 거듭할수
록 자신감이 올라갔다.

(Scale-Up - 성장전략)

우리는 플라스틱 수거/분류 기계에 PLANET(플라넷)이라는 이
름을 지어줬다. 플라넷을 통해 어떻게 사업을 성장시킬 수 있을
까? 먼저 비즈니스 모델, 즉 돈을 어떻게 벌 것 이냐부터 구상해
야 했다.

1. 플라넷 자체를 판매
2. 플라넷에서 분류한 플라스틱 원료를 판매하는 것을 비즈니스 모델로 발전시키기.

비즈니스 모델을 만들고 나선 어떻게 판매를 할 것인지 정해야 한다. 먼저, 플라넷을 군부대 또는 지자체를 통해 보급하기로 계획했다. 기곗값을 받지 않더라도 분류되는 플라스틱 원료를 판매한다면 충분히 매출을 낼 수 있을 거란 계산이 나왔다.

시장 초기에 보급된 플라넷을 통해 마케팅을 진행하면 다른 지자체, 기업, 아파트 관리사무소에서 도입요청이 들어올 거라 예상했다. 그때부터는 플라넷을 본격적으로 판매하고 플라스틱 원료로도 매출을 올릴 수 있게 구상을 했다.

마지막으로 이 모든 사업계획을 무슨 돈으로 실행할 것인지 재무계획을 세워야 한다. 사업 초반에 정부지원사업인 예비창업패키지, 초기창업패키지를 통해 플라넷 시제품을 만들기로 계획했다. 그리고 투자금을 유치해서 플라넷을 추가 생산하여 지자체에 보급하기로 했다. 플라넷을 보급하고 나선 플라스틱 원료를 판매한 비용으로 다시 플라넷을 생산하는 재무계획을 꼼꼼하게 따져가면서 세워나갔다. 이 과정에서 추정손익계산서을 작성해서 국방부 창업 멘토인 회계사 대표님께 검수를 받기도 했다.

(Team – 팀)

우리 팀은 대회에 참가한 다른 팀과 비교해 학력도 부족했고 전문능력을 보유하고 있지 않았다. 플라넷의 핵심인 정전기 분류기술은 전자공학을 전공한 전문가가 필요했다. 그래서 우리는 다양한 계급이 뭉쳐서 서로 시너지를 내는 것을 강조했고 부족한 전문능력은 한국지질자원연구원에 협조한다는 내용으로 작성했다.

사업계획서를 PSST의 논리구조대로 작성하고 준비해보니 우리 아이템이 완벽해 보였다. 육군대회 예선을 통과하고 나서 본선 때 무슨 상을 받을지 상상의 나래를 펼쳤다. 대상? 최우수상? 적어도 우수상은 받겠지라는 생각이 있었다.

대망의 육군 창업경진대회 발표날.
우리 팀은 어떤 상도 받지 못했다.

내가 가진 아이디어를 잘 표현하는 방법

충격받았다.

우리 팀이 밤새가면서 고민하고 발전시킨 모든 것이 무너지는 느낌이었다. 멘토님도, 주변 사람들도 모두 좋은 아이디어라고 했는데 왜 수상받지 못했을까.

모든 팀원이 충격에 빠져 있을 때 정신을 차려야 했다.

우리에게는 국방부 대회 예선이라는 또 다른 기회가 남아있었다. 팀원들의 의욕이 꺾여서 포기하지 않을까 하는 걱정이 들었다. 모두가 모여서 서로의 생각을 이야기했다. 다들 결과에 대해서 화를 내면서도, "우리 아이템은 문제가 없어! 조금만 더 발전시키면 알아줄 거야." 하고 모두가 입을 모아 이야기했다. 참

긍정적인 친구들이었다. 다행히 뜻이 맞아 국방부 창업경진대회를 준비할 수 있었다.

우리는 제로베이스에서 다시 시작하기로 했다. 우물 안의 개구리처럼 갇혀있기보다 다른 전문가들의 의견을 물었다. 대학교 교수님, 사업을 하는 선배, 실제 사업을 하시는 팀원의 아버지 등 각자가 물어볼 수 있는 사람들에게 발표와 동일하게 브리핑했다. 국방부 대회에서 주관하는 단체 멘토링도 다녀왔다.

피드백이 다양하게 많이 나왔다.

많은 피드백을 하나의 선으로 관통하는 큰 깨달음. 고객, 고객, 또 고객! 오직 고객 중심으로 생각해야 한다. 사업은 결국 돈을 벌기 위한 것이다. 돈을 벌려면 고객에게 가치를 제공해야 한다. 사업계획서나 발표도 마찬가지다. PSST의 논리를 고객의 관점으로 생각해야 한다.

예를 들면, 문제인식(Problem)에서 플라스틱이 무분별하게 버려지고 분류하는 데 문제가 있다는 내용은 우리 아이템의 고객사(플라스틱 원료 구매기업)는 상관이 없는 이야기다. 고객사의 문제점을 제시해야 했다. 고객사의 문제는 고품질로 분류된 플라스틱 원료를 공급받지 못한다는 것이었다. 고품질로 분류된 플라스틱 원료를 공급받지 못하는 이유를 정확하게 조사해야 했다. 그 이유는 수거 단계에서부터 무분별하게 버려지고, 수작업으로 분류하기 때문에 순도가 높지 않았기 때문이다.

이 문제점을 해결하기 위해선 플라넷이 필요하다. 수거 단계에서 리워드를 제공하여 깨끗한 플라스틱을 수거한다. 그리고 정전기 분류를 통해 정밀하게 플라스틱을 분류해낸다. 우리 플라넷을 통해 고객은 고품질의 플라스틱 원료를 공급받을 수 있다. 그러면서도 경쟁업체와 어떤 차이점이 있는지, 우리 아이템이 고객에게 더 좋은 품질의 플라스틱 원료를 더 싸게 제공할 수 있는지 어필했다.

성장전략(비즈니스 모델)도 마찬가지. 고객에게 플라스틱 원료를 판매해서 얼마를 받을 것인지. 고객 관점에서 우리에게 비용을 내고 고품질 원료를 구매했을 때 고객사가 고품질 원료를 통해 더 좋은 제품을 만들 수 있고 그게 얼만큼의 이득을 가져다줄 수 있는지까지 계산했다. 우리 제품을 사면 고객사 입장에서 어떤 이득이 있는지까지 제시를 한 것이다.

팀을 어필할 때도 고객 관점에서 믿을 수 있는 팀, 가장 잘 할 수 있는 팀으로 생각할 수 있게끔 강조해야 했다.

고객 중심의 관점으로 바뀌면서 모든 논리구조를 수정해야
했다.

논리뿐만 아니라 시각화를 잘 하는 것도 중요하다고 생각했
다. 아무리 좋은 내용이어도 보기 안 좋으면 머리에 안 들어온
다. 더군다나 창업경진대회는 발표시간이 짧다. 발표하는 팀들
도 많다. 심사위원에게 우리의 아이템을 잘 어필하기 위해선 보
기 좋게 잘 꾸며야 했다.

시각화는 결국 PPT를 어떻게 꾸며낼 것이냐에 대한 문제였
다. 육군대회를 준비하면서 PPT에 텍스트를 최대한 줄이고, 이
미지 위주로 넣었다. 최대한 간결하게 만들었다. '스티브 잡스'가
발표하는 것처럼 간결하게 발표하면서도 임팩트를 주고 싶었기
때문이었다. 하지만 창업경진대회 발표자료는 그렇게 하면 좋지
않다는 것을 깨달았다. 짧은 시간에 발표하면서 우리의 모든 것
을 어필할 수 없다. 심사위원은 사전에 발표자료를 검토하게 되
는데, PPT에 텍스트가 전혀 없다면 이해하기 쉽지 않다. 그래서
발표 없이 PPT만 보더라도 충분히 이해할 수 있을 정도로 발표
자료를 만들어야 했다.

작년 도전! K-스타트업 발표자료를 보면서 참고했다. 거의 모든 팀이 텍스트를 넣으면서 이미지를 적절하게 배치했다. 발표하면서 핵심적인 내용을 찍어가며 PPT 슬라이드 한 개에 핵심 메시지 하나를 전달했다.

핵심기술인 정전기 분류기술은 사진으로 설명하기 어려워 3D 모델링 동영상을 양기웅 대위 친형에게 부탁해 제작했다. 플라스틱이 전극을 띠고 나서 전극판에 내려간 다음 자석처럼 붙는다는 원리를 동영상으로 설명하니 훨씬 더 쉽게 이해할 수 있었다. 처음 듣는 처지에선 영상이 더욱 와닿았다. 국방부 대표 멘토인 이상학 멘토님도 동영상을 잘 만들었다고 이해가 잘된다면서 칭찬을 해주셨다.

국방부 대회 예선과 본선, 최종전 2박 3일 워크샵을 통해 발표자료를 계속 고도화시켰다. 최종전 2박 3일 워크샵 마지막 날에 최종심사인 발표를 진행한다.

나는 부대 훈련 때문에 참석하지 못하고 양기웅 대위가 발표를 맡았다.

완벽한 발표였다.

그리고 주최 측에서 8개의 수상팀을 불렀다.

"A팀, B팀, C팀…… 녹하군!"

우리 팀이 불렸다. 육군대회에선 불리지 않았던 우리 팀이 국방부 대회에서 수상하게 됐다.

창업경진대회의 꽃, 범부처 대회 도전! K스타트업

국방부 대회 시상식은 용산에 있는 로카우스 호텔에서 열린
다. 팀원들과 설렌 마음으로 참석했다. 장려상 또는 우수상을 받
지 않을까 하는 의견이 오고 갔다. 시상은 장려상부터 팀명을 부
르는 형식으로 진행됐다.

"장려상입니다. A팀, B팀……."

우리 팀이 불리지 않았다. 최소 우수상이란 뜻이었다. 이어서
곧바로 우수상 발표를 했다. 우리 팀원들은 우수상 수상을 예상
하고 나갈 준비를 했다.

"우수상입니다. C팀, D팀, E팀. 축하합니다!"

"우리가 최소 최우수상이라고?"

이번에도 우리 팀은 없었다. 모두가 놀란 눈치였다. 육군대회
에선 상을 받지도 못했던 우리 팀이 최종 3개 팀에 들었다. 남은
건 대상 1개 팀과 최우수 2개 팀. 3개 팀이 모두 단상에 올라갔
다. 이번엔 대상 팀만 부른다고 했다. 호명되지 않은 팀은 자동
으로 최우수상이었다.

"대망의 대상팀! 축하합니다. GenerAIration"

순간, 대상을 기대하긴 했지만 우리 팀은 최우수상을 받았다.
최우수상도 모두가 기적이라고 이야기했다. 상을 받고 나서 팀
원들과 자축 회식을 했다. 그 자리에서 나는 팀원들에게 물었다.

"나는 최우수상을 받은 만큼 우리 아이템이 가능성이 있다고
생각해. 이제 다음 대회가 범부처 대회인데 준비할 사람 있어?"

팀원들은 국방부 대회까지만 하겠다고 했다. 육군대회부터
국방부 대회까지 6개월이 넘는 기간 동안, 새벽까지 회의하고
발표를 준비한 게 너무 힘들었다고 한다.

이해가 됐다. 부대 일과와 병행하면서 창업경진대회를 준비하는 건 쉽지 않은 일이었다. 범부처 대회부터는 혼자서 준비해야 했다. 그 와중에 PPT 디자인을 도와주겠다는 용사 팀원인 김은준 상병이 있어서 다행이었다.

범부처 대회를 준비하면서 더 진지해졌다. 국방부 대회까지 구상했던 자판기 형태의 플라스틱 수거, 분류 기계는 현실성이 많이 떨어져 보였다. 구현해야 할 기술이 다양했고 제작비용이 만만치 않았다. 여태까지는 더 많이 준비하고 추가하는 형태로 발표를 준비했다. 지금부터는 뺄거 빼고 더 정교하게 다듬을 필요가 있었다.

아이템의 핵심기술이 뭘까? 생각해봤다. 우리 아이템의 핵심은 정전기 분류기술이었다. AI는 사실 대세였기 때문에 넣었을 뿐이었다. AI를 다룰 전문인력도 없었다. AI 기술을 아이템에서 과감하게 제외했다. 그러면서 수거의 기능을 뺄 수밖에 없었다. 분류의 기능만 살려서 비즈니스 모델을 다시 생각해봐야 했다.

시장조사를 다시 했다. 플라스틱 산업을 심도 있게 분석했다.

플라스틱 산업을 구성하는 업체는 수거업체, 선별업체, 분류업체, 가공업체가 있다. 재활용 쓰레기를 수거하는 수거업체. 쓰레기를 종류별로(플라스틱, 종이, 알루미늄 등) 나누는 선별업체. 선별업체로부터 플라스틱 더미를 구매해와서 플라스틱을 파쇄하고 세척한 뒤 종류별로 분류하는 분류업체. 종류별로 분류된 플라스틱(원료)을 다시 플라스틱으로 가공하는 가공업체.

기존에 우리가 하려던 수거와 분류 기계는 현재 플라스틱 산업에서는 애매한 포지션을 가지고 있다는 것을 깨달았다. AI 수거기능을 빼고 분류업체의 포지션으로 아이템을 고도화하기로 했다.

덜고 나니 해결책이 명확해졌다. 다시 PSST의 방식대로 논리구조를 만들었다. 이번엔 고객을 가공업체로 해서 비즈니스 모델을 구성했고, 가공업체의 문제점에 집중했다. 그리고 우리 아이템이 가공업체에 제공할 수 있는 최적의 솔루션임을 어필했다. 새롭게 구성한 문제인식과 솔루션. 시장에서의 포지션을 바꾸면서 문제인식 단계에서부터 논리구조를 새롭게 구성해야 했다.

사업을 작게 시작하는 것으로 바꾸면서 시장이 너무 작은 것이 아니냐는 우려가 있었다. 하지만 작게 시작해서 크게 확장하면 된다. 초반엔 할 수 있는 것, 정전기 분류기술에만 집중해도 충분했다. 초기시장이 작은 것은 성장전략에서 더 크게 성장하겠다는 것으로 풀어냈다. 추정손익계산서를 제시하면서 사업에 대한 실현 가능성을 어필했다.

3주 동안 치열하게 준비하고 나서 범부처 대회인 도전! K-스타트업 통합본선에 참가했다. 범부처 대회는 국방부뿐만 아니라 교육부, 중기부, 환경부 등 10개가 넘는 부처에서의 대표들이 참가하는 대한민국에서 가장 큰 창업경진대회다.

통합본선에선 창업리그와 예비창업리그로 나뉘는데 국방부 리그 참가자는 모두 예비창업리그에 진출한다. 2023년 예비창업리그는 80개 팀이 참가했고 그중에서 15개 팀만이 왕중왕전에 진출했다.

주최 측에서 평가할 팀이 많으므로 분과를 4개 분과로 나눠서 평가한다. 1개 분과당 20개 팀이 배정되고, 분과에는 비슷한 성질의 팀들이 묶인다. 우리 팀은 환경 관련 팀이라서 4분과로 배정받았다. 4분과에 환경 관련된 팀들이 많이 있었다. 분과마다 평가위원은 해당 분과에 특화된 투자회사 파트너로 구성되기 때문에 전문성이 있다. 그래서 지금까지의 경진대회는 애들 장난인 것처럼 느껴졌을 정도로 정말 날카롭게 평가를 한다.

우리 팀의 평가시간이 되었고 차분하게 발표를 진행했다. 문제는 질의응답에서 발생했다.

발표 전에도 우리 팀의 문제점은 핵심기술에 대한 전문인력이 없다는 것을 알고 있었다. 평가위원들은 이 점을 집요하게 물어봤다. 연구원과 협조한다거나 관련 직원을 채용하겠다는 원칙적인 답변밖에 하지 못했다.

발표를 마치고 나서 왕중왕전 선발결과를 기다렸다.
결과는 이메일로 받았다.

왕중왕전에는 진출하지 못했다.

2년 연속 도전하면서 얻은 것들

후회는 없었다. 최선을 다해서 준비했기 때문이다. 하지만 아쉬움은 있었다. 조금만 더 하면 될 것 같은데. 더 괜찮은 팀원들과 같이하면 가능성이 있지 않을까?

곧 해가 바뀌었고 다시 도전하기로 했다. 부대에 있는 용사들을 모집해서 팀을 꾸리기 시작했다. 이번엔 능력을 고려해서 팀원을 구했다. 기계공학 전공자, 디자인 전공자, 소프트웨어 전문가. 나는 창업경진대회 경험이 있었고 기술력이 있는 인원들만 있으면 뭐든지 할 수 있을 거로 생각했다.

1월에 팀을 구성하고 나서 바로 아이디어 회의를 시작했다. 좋은 아이디어가 많이 나왔다. 하지만 3월이 되도록 우리는 아이디어를 못 정했다. 나는 사업적으로 될 것 같지 않은 아이디어는 배제했고, 팀원들은 기술적으로 힘든 아이디어는 실현하기 어렵다고 했다. 작년엔 아무것도 모르니까 일단 해보자란 생각을 많이 했었다. 알고 나니 많은 것들이 힘들어 보였고 안될 것 같았다.

결국 나의 두 번째 팀은 시작도 못 해보고 해체했다. 대신, 아이디어가 언제 나올지 모르니 작년에 했던 아이디어로 제출해놓기로 했다. 팀명은 친하군(친환경 사업을 하는 군인)으로 했다.

작년 범부처 대회 때의 아이템(분류)은 군 창업경진대회의 아이템(수거, 분류)과는 달라서 제출할 수 있었다. 운 좋게 이번에도 국방부 대회 최종전까지 진출하게 됐다. 하지만 친하군 팀원과 나는 그때까지도 아이디어를 못 냈고 결국 나와 팀원 1명만이 최종전 워크샵에 참가하기로 했다.

2박 3일 워크샵 기간 동안 발표자료를 조금 더 정교하게 수정하긴 했지만 크게 발전되는 부분은 없었다. 오히려 나는 다른 팀들에 관심을 가졌다. 작년에 했던 아이템으로 다시 도전하긴 싫었고 애당초 이 아이템으로 사업하기 쉽지 않았기 때문이다. 그래서 워크샵 기간 동안 순위보다는 다른 팀과 친해지기를 목표로 했다.

옆에 코닥터란 팀이 있었다. 냄새로 암을 조기진단하는 팀이었다. 아이디어가 참신했고 팀장과 팀원이 아이템에 진심인 것이 보였다. 코닥터 이기원 팀장과 많은 이야기를 나눴고 작년에 했던 경험을 공유해줬다. 그러면서 나는 다른 팀에 들어가서 도움을 주고 싶다는 생각을 전했다.

국방부 대회 최종전이 종료되고 나서 코닥터 팀장에게 연락이 와서 이야기를 나눴다. 내가 나의 아이템에 관심이 없다는 걸 알았던 코닥터 팀장은 본인 팀 합류에 제안을 해왔다. 나도 코닥터 팀이 마음에 들었기 때문에 도와줄 수 있는 부분들은 도와주겠다고 약속했다. 그러면서 코닥터 아이템에 관하여 시장조사를 하고 비즈니스 모델을 더 정교하게 바꾸는 데 힘을 쏟았다.

자연스레 PPT를 맡게 됐다. 작년엔 PPT 디자인을 따로 하는 팀원이 있어서 PPT를 다루는 게 익숙하진 않았다. 그래서 PPT 인터넷 강의를 들으면서 작업을 시작했다. PPT는 사실 디자인적으로 예쁜 것보단 한 슬라이드에 한 개의 메시지를 어떻게 담을 것인지가 더 중요하다.

한 슬라이드엔 한 개의 메시지가 들어가야 하는데, 이 메시지를 어떻게 시각화시킬 것이냐가 핵심이다. 그래서 코닥터의 아이템인 유전자와 생물에 대한 전문적인 내용을 모두 이해해야 했다. 내가 이해한 수준에서 사람들에게 설명하기 위한 PPT 슬라이드를 구성하려고 노력했다. 그 결과 팀장도 만족하고 나도 만족한 수준의 PPT가 완성됐다.

코닥터 발표자료. 어려운 후각 수용체 단백질의 개념을 최대한 시각화하여 이해하기 쉽게 구성했다. 코닥터는 24년에 좋은 결과를 얻었고 올해 계속해서 도전 중이다. 미래의 한국의 유니콘 기업이 될 것이라고 믿는다.

두 번째 창업경진대회는 내 아이템이 아니라 다른 팀을 도와주면서 많이 성장했다. 여태껏 안 다뤄봤던 PPT를 공부하게 됐고, 생전 몰랐던 유전자 공부를 하기도 했다.

창업경진대회를 2년 연속 준비하면서 얻은 것들이 참 많다. 그중에서 제일 값지다고 생각하는 건 팀원들과의 인연이다. 23년의 녹하군, 24년의 친하군과 코닥터. 모두 제로에서 시작해 훌륭한 성과로 끝낸 멋진 팀원들이다. 미래가 보이지 않는 막막한 현실 속에서도 할 수 있다! 라는 자신감 하나로 도전하는 친구들이다.

그리고 사고의 체계가 바뀌었다. 모든 것들을 PSST의 관점으로 보게 됐다. 군대에서 방독면을 썼을 때 내 목소리가 잘 들리지 않는다는 문제점을 방독면 음성 증폭기를 제작해서 해결하기도 했다. 음성 증폭기를 착용해서 육군참모총장님 앞에서 브리핑하기도 했다.

업무를 하면서도 PSST의 관점으로 접근하면 해결하지 못 하는 일이 없었다. 문제를 정확하게 파악하고 세상에 있는 많은 기술을 활용해 해결책을 제시하면 된다. 세상엔 수많은 연구를 통해 작성한 논문과 특허가 널려있다.

세상엔 안되는 건 없다는 걸 깨달았다. 창업경진대회를 준비하면서 다른 팀들의 발표를 지켜봤다. 팀마다 문제인식을 제시하는데, 그것을 해결할 솔루션은 반드시 있다. 안된다고 생각하면 멈출 수밖에 없다. 된다고 생각하면 어떻게든 해결할 방법을 구할 수 있다.

창업경진대회에 도전하면서 범부처 대회 왕중왕전까지 진출하지 못했고, 사업을 시작도 못 해봤다. 하지만 또 도전할 것이다. 된다고 생각하면 무엇이든 할 수 있다.

안되는 건 없다.

PART 09 >>>

불씨: 가능성은 작은 빛에서 시작된다
점화: 열정을 켜는 결정적 순간
불꽃: 도전을 태우고 깨달음을 익히다
잿더미: 실패에서 재를 넘어 빛을 보다
잔불: 끝까지 살아남는 열정의 비밀

청춘, 열정을 깨우는 불꽃

황 윤 상

육군 최정예 전투원 선발(100번째)

2024년 교육사령부 우수교관

독서지도사 1급, 2급

황윤상 작가 소개

불씨
가능성은 작은 빛에서 시작된다

"평가자님, 지금부터 3분 이내 사격을 실시해야 합니다."

급속행군이 끝나기도 무섭게 다음 과제인 사격이 기다리고 있었다. 빠르게 사선으로 올라갔다. 눈을 감고 떨리는 마음과 호흡을 가다듬고 사로에 입장했다. 통제탑에서는 시간을 알리는 음성이 흘러나왔다.

"2분 경과."

지급받은 탄을 탄알집에 한 발씩 삽탄했다. 잘못 삽탄된 탄 문제로 총기 기능 고장이 발생하지 않도록 한 발 한 발 정성을 다해 삽탄했다.

"2분 30초 경과."

30초 이내에 초탄이 발사되어야 했다. 빠르게 사격 자세를 취하고 방아쇠에 손가락을 올려놓았다.

"탄알집 결합! 탄알 1발 장전! 조정간 단발! 사격 개시!"

떨리는 마음을 진정시키듯 큰 목소리로 사격 절차를 외치며 방아쇠를 당겼다. 탕!⋯ 몇 초간 정적이 흘렀고, 중앙 통제탑에서 마이크를 두드리는 소리가 들렸다.

"125번 평가자, 육군 최정예전투원 과정 최종 합격입니다."

급속행군으로 달궈진 온몸의 열기가 주변에서 터져 나오는 환호성에 더해져 가슴이 뜨거워지는 순간이었다. 긴 시간의 준비 과정이 주마등처럼 스쳐 지나가며 뜨거움이 더해졌다.

최정예전투원 선발이라는 위대한 결과는 나를 뜨겁게 만들었다. 과정이라는 미세한 열기들이 모여 뜨거운 결과를 이뤄냈다. 뜨거움의 잔상은 잠시였지만 과정에서 달궈진 열기의 자국은 오래 남아있다. 그 자국은 내 열정을 달궈줄 수 있는 불씨가 되어주고 있다. 불이 필요한 순간, 언제든지 불을 붙일 수 있는 불씨처럼 도전을 준비할 때 열정을 깨워줄 불씨로써 마음속에 남아있다.

2016년, 최정예전투원 과정에 대해 처음 알게 되었다. 육군 최고의 전투원에게 주어지는 자격이자 누구나 한 번쯤은 꿈꾸는 자격이었다. 최정예전투원에 선발돼야만 달수 있는 태극 문양의 휘장은 명예의 상징이었고, 더불어 적용되는 인사상 혜택은 그 자격의 매력을 돋보이게 만들어 많은 군인의 관심을 이끌었다.

이 매력적인 조건들은 나에게도 흥미를 불러일으켰다. 최정예전투원에 선발되어 휘장을 패용한 모습을 상상하면 군인으로서 그만큼 뜻깊은 순간이 없을 거로 생각했다. 그러나 생각은 생각일 뿐, 그 과정이 험난하다는 것을 알기에 섣부르게 도전할 수 없었다. 자신이 없었다.

당시 나의 체력 수준과 사격 실력, 전투기술은 최정예전투원 과정에서 요구하는 기준보다 한참 낮은 수준이었다. 해낼 수 없다고 생각했고, 도전하는 것마저 욕심이라 느껴졌다. 능력이 뛰어난 동료들의 준비 과정을 지켜보는 것만으로 만족했다.

동료들이 도전과 선발이라는 결과를 만들어 낼 때마다 부러웠다. 몇 번을 실패하더라도 결국 해내는 동료들의 모습을 보며 부러움이 가득했지만 결국 두려움이 나의 도전을 가로막았다. 그러던 찰나, 부대에서는 교육훈련 분위기 조성이라는 이유로 최정예전투원 선발을 장려하기 시작했다. 최정예전투원 도전이 선택이 아닌 필수인 상황에 직면하게 되었다.

우리 부대는 육군에서 가장 많은 최정예전투원을 배출한 부대였다. 그러다 보니 전국 각지의 부대에서 최정예전투원 선발 노하우를 전수받으러 올 정도로 체계적으로 선발을 준비하는 부대였다. 부대의 명맥을 이어가기 위해 경쟁하듯 너도나도 최정예전투원 과정에 지원하기 시작했고 나 또한 그 분위기에 휩쓸려 자연스럽게 입문하게 되었다.

최정예전투원 과정은 육군본부에서 주관하고 부사관학교에서 평가를 진행하여 선발한다. 부사관학교에서 진행되는 육군 최정예전투원 선발 과정에 참여할 수 있는 인원은 부대별로 한정되어 있다. 그 인원은 선별하기 위해 각 부대는 자체 평가를 진행한다. 부대별로 차이가 있지만, 우리 부대는 적을 때에는 2회에서 많게는 4회까지도 실시했다. 선발 가능성이 큰 인원을 보내야 했기에 실제 평가와 같은 수준으로 엄격한 선발 과정을 거쳐야 했다.

분위기에 휩쓸려 시작했던 첫 도전은 2016년이었다. 부대 자체 평가인 선발전에 참여하여 가장 먼저 시작된 평가는 기초체력 평가였다. 기초체력 평가는 육군 체력 3종목을 특급 이상의 수준을 달성해야 합격이었다. 평소에도 거뜬히 특급을 달성했기에 쉽게 생각했다. 그렇게 평가가 시작되었고, 윗몸일으키기 66개를 했다. 합격 수준인 86개에 한참 모자라서 불합격했고 다음 과제로 넘어가지 못한 채 첫 선발전이 종료되었다.

자존심을 회복하고자 이를 악물고 도전했던 2017년에는 가까스로 기초체력 평가를 통과했다. 하지만 산 넘어 산이라는 말이 있듯, 더 극한의 체력을 요구하는 급속행군 평가가 기다리고 있었다. 20km의 거리를 30kg의 전투 하중을 지닌 채 3시간 안에 완주해야 하는 평가였다. 평가 과제 중에서도 합격자가 드물 정도로 난이도가 어려운 과제였다. 그렇게 한 번도 경험해 본 적 없던 고통으로 뛰어들었고, 발바닥부터 종아리, 허벅지, 엉덩이 순서로 근육 경련이 일어나는 것을 겪으며 17km 지점에서 주저앉게 되었다. 그렇게 또 한 번 실패를 경험하는 순간이었다.

실패는 반복했지만 분명 조금씩 성장하고 있음을 느낄 수 있었다. 처음에는 기초체력에서 끝났지만, 이번에는 급속행군에서 끝났다. 더 진심으로 행동하면 훗날에는 가능할 것이라 믿었다. 빠르지도 느리지도 않게 꾸준히 성장한다는 마음으로 계속 도전을 결심했다.

다음 해인 2018년, 결국 급속행군도 이겨낼 수 있었다. 꾸준하게 성장한 결과였다. 다음은 사격 평가가 기다리고 있었다. 20발 중 18발을 명중해야 합격이다. 연습사격에서도 아슬아슬했지만, 합격 수준은 유지했기에 마음을 가다듬고 사선으로 향했다. 사로에 위치해 사격 준비를 완료했다. 그렇게 사격이 시작되었다.

"준비된 사수, 사격 개시!, 탕!"
마지막 표적을 제압하지 못했다.

결과는 17발, 불합격이었다. 또다시 좌절의 시간이 찾아왔다.

점화
열정을 켜는 결정적 순간

　멀고도 험한 최정예전투원의 길. 앞서 두 차례의 실패는 노력 부족이라 여겼다. 윗몸일으키기와 급속행군은 시간을 투자하면 충분히 합격할 수 있으리란 자신감을 가졌지만, 사격에서의 실패는 더 많은 고민을 하게 만들었다. 호흡이 문제였을까? 아니면 격발이 문제였을까? 컨디션이 문제였을까? 확신할 수 없는 이유는 불안감을 증폭시켰다.

　그러나 그 불안감에 휩싸여 포기하고 싶지는 않았다. 이겨내기 위해 노력했다. 부대 사격훈련 이상의 훈련이 필요했다. 훈련의 아쉬움을 채우기 위해 사격과 비슷한 훈련이 가능한 공간을 찾아다녔다. 스크린 사격장, 비비탄총 사격장 등을 찾아다니며 사격훈련이라 생각하며 연습했다. 지푸라기라도 잡고 싶다는 심정으로 연습을 진행했다. 결국 이런 노력은 나에게 새로운 기회를 만들어줬다. 선발전 사격 평가에서 당당히 합격하며 육군 최정예전투원 과정에 도전할 기회가 생긴 것이다.

부사관학교에서의 평가는 충분히 긴장되었지만 나름 현명하게 해결해나갔다. 몇 번의 실패는 경험이 되어 어떠한 상황에서도 의연하게 만들었고 쉽게 얻을 수 없는 기회라는 걸 알기에 더욱더 정성을 다했다. 1주 차에 진행된 기초체력 측정, 개인화기 사격, 주·야간 독도법 평가를 가까스로 통과했고, 2주 차에 돌입했다. 2주 차 평가 또한 쉽지 않은 시간이었다. 13개의 개인전투기술 평가 중 하나라도 통과하지 못하면 그대로 집에 돌아가야 했다. 꼼꼼하게 준비하며 평가에 임했고, 그렇게 12개 과제를 통과하고 마지막 하나의 과제만 남았다. 그 과제는 13개의 전투기술 중 가장 난이도가 높았던 화력요청 과제였다.

화력요청 과제의 악명 높았던 난이도는 평가자들이 선뜻 발걸음을 내디디기 어렵게 만들었다. 모두 눈치만 보고 있었고, 먼저 나서서 평가를 보고자 하는 사람이 없었다. 나는 그 순간 영웅 심리라도 생긴 듯 "평가를 먼저 보고 오겠다."라고 선언했다. "결국 넘지 못하면 결과는 없다."라는 생각에 용기를 내보기로 했다. 아무도 나서지 않았기에 많은 이들에게 주목받았다. 금의 환향하듯 돌아와 주변 평가자들에게 용기를 불어넣어 주겠다는 마음으로 당차게 나섰다. 하지만… 더 신중했어야 했다. 네 번째 운명은 거기까지였다.

평가 이후 대기장소로 돌아오는 길에 허탈감이 느껴졌다. 그동안의 노력이 무의미해졌다는 생각에 헛웃음만 나왔다.
'평가에 먼저 나서지 말걸….'
마지막 과제의 벽을 넘지 못했기에 그 결정이 후회스러웠다.

그렇게 평가가 종료되었고 부대로 복귀했다. 며칠 동안 아쉬움 때문에 식욕도 떨어지고 잠도 제대로 이루지 못했다.

'다음에 또 불합격하면 어떻게 하지? 내가 과연 최정예전투원이 될 수 있을까?'

그동안의 모여진 응어리는 열등감에 불을 붙이는 연료와도 같았다. 앞으로 마주할 불합격을 도저히 감당할 수 없을 거라 생각했다. 불안감에 할 수 있다는 확신이 사라지고 있었다.

'괜찮아… 100번째 안으로만 들어가자.'
불안감이 커질 때마다 스스로 외웠던 주문이었다. 지금까지 선발된 인원은 63명, '포기하지 말고 100번째 안으로만 선발되자.'라는 생각으로 불안한 마음을 진정시켰다. 끊어질 듯 말 듯한 긍정의 실타래를 붙잡으며 끝까지 포기하지 않기로 마음먹고 다음 도전을 준비했다.

또다시 부대 선발전을 준비해야 했다. 당시 혹한기 훈련 시기와 맞물려 선발전 시기가 애매했다. 혹한기 훈련 이후 선발전을 진행해야 했다.

훈련 간 컨디션 조절만 잘한다면 그동안의 숙련된 경험으로 무리 없이 선발전에 통과할 수 있다고 믿었다. 훈련 도중 컨디션 조절에 힘썼고, 훈련이 끝났을 땐 회복에 전력을 기울였다. 그렇게 무사히 훈련을 마치고 부대로 복귀하는 마지막 행군을 준비했다.

20km의 거리를 산악으로 복귀하는 훈련이었다. 당일 날씨는 체감온도가 영하 20도로 떨어질 만큼 혹한의 날씨였다. 너무 추워 장기간 이동해도 땀이 한 방울도 안 날 정도였다. 그렇게 경직된 몸을 이끌고 복귀 행군을 출발했다. 야간 이동이었기에 더욱 조심스럽게 이동했다. 그렇게 이동을 시작하고 중간 정도 지났을 때 우측 발목에서 엄청난 통증이 느껴졌다.

"으, 내 다리!"
우측 발목이 잘못되었음을 직감했다. 살짝 패인 구덩이를 잘못 밟았고, 몸이 경직된 상태에서 발목이 돌아가 버린 것이다.

체중에 군장 무게까지 더해져 큰 부상이 발생했다. 고통스럽게 비명을 지르며 그 자리에서 쓰러졌다. 서러움에 눈물이 흘렀다.

'왜 하필 지금….'

부상의 아픔보다, 선발전에 참여하지 못하리라는 생각에 서러웠다. 그동안의 아픔을 씻어낼 기회를 잃었다는 생각에 억장이 무너지는 듯했다.

훈련을 계속할 수 없었고, 부대로 복귀하여 다친 다리를 치료했다. 의무 요원은 최소 3주 이상의 회복이 필요하다고 진단했다. 퉁퉁 부어버린 발을 보고 있으면 희망을 느낄 수 없었고, 걸을 때마다 느껴지는 통증은 할 수 있다는 확신을 더욱 흐릿하게 만들었다. 서서히 자존감이 무너지기 시작했다.

부상은 조금씩 회복되었지만, 자신감이 생기지 않았다. 반복된 실패의 아픔과 부상의 고통이 머릿속에 맴돌며 넘치던 자신감을 꺾어 버렸다. 그렇게 하루하루 보내던 중, 우연히 훈련부사관 모집공고를 보게 되었다. 잊고 있던 무언가를 찾아낸 기분이었다.

"아 맞아! 이거야!"

불꽃
도전을 태우고 깨달음을 익히다

군 생활을 시작하면서부터 훈련부사관은 동경의 대상이었다. 훈련병 시절부터 부사관 후보생 시절까지 마주했던 훈련부사관들을 보며 다음에 기회가 생긴다면 꼭 도전해 보고 싶은 직책이었다. 극한의 상황이라 생각되었기에 잊고 지냈던 새로운 목표를 도전하고 이뤄낸다면 그동안 닳아 버린 자존감을 충분히 회복할 수 있을 거로 생각했다. 최정예전투원 과정을 도전하며 생긴 내공으로 충분히 해낼 수 있으리라 생각했다.

하지만 훈련부사관에 도전하기 위해서는 모든 걸 내려놓고 떠나야 한다는 큰 결심이 필요했다. 만약 육군 최정예전투원에 선발되어 부대에서 영예를 누렸다면 그 결심은 더 어려웠을 것이다. 하지만 지금 나의 상황은 달랐다. 떠나야 했고 회복해야 했다. 무너진 자존감을 회복하기 위한 새로운 자극이 필요했다.

그 당시 나에게 주어진 극한의 상황은 오히려 나를 새로운 도전으로 이끌었다. 그 도전을 또다시 실패로 끝낼 순 없었다. 성공으로 마무리해야만 이 불안감을 타개할 기회라고 생각했다. 굳은 결심으로 훈련부사관 지원서를 작성했다.

훈련부사관은 훈련병 및 부사관 후보생들을 훈련시키고 교육하는 임무를 수행하는 부사관이다. 그 자격을 부여받으려면 14주의 교육기간 동안 높은 수준의 군사지식과 전투기술을 갖춰야 한다. 실제로 그 기준에 도달하지 못해 퇴교하는 인원이 전체 인원의 절반 이상이었다. 그만큼 쉽지 않은 과정이었으며, 누군가에게 지식과 기술을 가르쳐야 하는 만큼 높은 수준을 요구하는 직책이 바로 훈련부사관이다.

생각한 대로 훈련부사관 과정 교육은 쉽지 않았다. 누군가를 가르치기 위해서는 군사지식에 대해 잘 알아야 하는 것은 기본이었고, 그것을 잘 설명하고 행동으로 보여 줄 수 있는 능력이 필요했다. 교범을 달달 외워야 했고, 정확한 동작으로 시범을 보여야 했으며, 체력 또한 교육생들에게 뒤처지지 않을 수준을 갖춰야 했다. 주어진 과제를 이행하려면 하루 평균 4시간조차 제대로 자기 어려울 정도로 무수히 많은 노력이 필요했다.

그렇게 고단한 시간을 보내면서도 과거의 경험이 많은 도움이 되었다. 훈련부사관 과정에서 요구하는 과제들은 과거 최정예전투원을 준비하던 때 연습했던 과제들과 비슷한 부분이 많았기 때문이다. 어렵지 않게 접근할 수 있었다. 잠시 멈췄지만 내 몸은 아직 그때의 경험을 기억하고 있었다. 조금만 연습해도 부여된 과제들의 요망 수준에 금방 도달했고, 그로 인해 생겨난 여유는 주변에 나눌 수 있었다. '결과가 없으면 무의미하다.'라고 생각했던 과거 최정예전투원 과정의 경험이, 필요한 순간 극적인 역할을 해준 것이다. 과거에 그렇게 뜨거웠던 열정이 내 능력을 무르익게 해주었다고 느끼던 순간이었다.

마지막에 미끄러졌던 경험이 있었기에 방심할 수 없었다. 모든 과제를 통과할 때까지 마음을 다해 행동했고, 결국 무사히 임명이라는 결과를 얻었다. 그뿐만 아니라 모두가 꿈꾸던 육군 부사관학교에서 임무를 수행할 수 있는 기회를 얻었다.

실패가 반복되었던 순간에는 '아무것도 해낼 수 없는 패배자'라고만 생각했다. 반복된 실패는 자신감과 의지를 깎아내렸다. 하지만 아직은 해낼 힘이 있다는 사실을 알게 되었다. 그뿐만 아니라 과거 노력의 경험은 언젠가 꼭 쓰임이 있으리라는 확신을 얻었다. 앞으로 임무를 수행하며 만나게 될 교육생들에게도, 이 경험에서 얻은 가치를 알려주고 싶었다. 이것이야말로 열정을 태울 유일한 방법이라 생각했다.

그 가치에 확신이 있었다. 내가 직접 경험했다는 이유 때문이었다. 그래서 나를 거쳐 가는 교육생들도 이 가치를 받아들이길 원했다. 아니, 정확히는 강요했다. 그 가치를 얻기 위해, 교육생들에게 실패를 많이 맛보게 해주고 싶었다. 더 혹독한 환경을 조성하며 높은 수준을 요구하면서, 그들이 실패를 통해 성장할 수 있으리라고 믿었다. 내 경험에서 비롯된 선의의 행동이었지만, 요령이 없어 어설펐다. 이 행동들의 의미와 이유를 제대로 전달하지 못했고, 서서히 지쳐가는 교육생들의 모습을 바라볼 수밖에 없었다. 그 모습을 보며 '따라오지 못하는 인원들이 안타깝다.'라는 생각만 들었다. 그렇게 잘못된 신념은 상황을 더욱 악화시켰다.

교육생들의 지치는 모습을 보며 나도 힘이 빠지기 시작했고 서서히 나를 멀리하는 것이 느껴졌다. 주변 동료들에게 강요했던 내 신념은 모두에게 부담이었고 불편해하는 것이 느껴졌다. 잘못된 신념이 나를 고립시키는 것을 느끼기 시작했다. 변화가 필요했다.

내가 경험했던 그 가치는 긴 시간을 통해 얻게 된 것이다. 그에 비교해 교육생들의 시간은 짧기에, 그들에게 똑같이 요구하는 것은 잘못된 판단이라 느꼈다. 의미는 좋았으나 공감대를 형성하지 못했다. 나는 이 행동을 '그들의 능력을 익히기 위한 올바른 행동'이라 생각했지만, 결과적으로 '그들의 마음만 태워 버리는 잘못된 행동'이었다.

욕심을 내려놓기로 마음먹은 뒤, 그동안의 행동을 되돌아봤다. 그들의 자존심을 얼마나 상하게 했을지, 자존감을 얼마나 꺾었을지를 생각하다 보니 과거 힘들었던 순간이 떠올랐다. 실패를 겪으며 자존심이 상하고 자존감이 무너졌을 때, 나에게 필요했던 마음. 결국 지금까지 올 수 있었던 마음. 그 마음을 다시 생각하며 '기다림'이라는 가치를 찾아냈다.

나 또한 실패를 경험할 때마다 다음 기회를 기다렸고, 그 기다림은 나를 성장시켰다. 교육생들의 성장도 '기다리다 보면 원하는 만큼 성장할 수 있겠다.'라고 생각했다. 내 역할은 그들의 기다림에 안정을 제공하고 긍정을 보태주는 역할이라 생각했다. 그렇게 생각하니 더 편안하고 안정적인 교관과 교육생의 관계로 발전할 수 있었다.

단숨에 강한 화력으로 익히려다 보면 몽땅 타버려 원하는 결과물을 얻지 못하는 것처럼 서서히 익혀 더 쓸모 있게 만들어주는 것이 좋겠다고 생각했다.

그들의 성장을 기다리는 것도 나의 발전을 기다리는 것과 같다고 생각하기로 마음먹었다.

잿더미
실패에서 재를 넘어 빛을 보다

그런 마음으로 몇 개의 기수를 마치고 나니, 나 또한 성숙해 졌음을 느낄 수 있었다. 이전처럼 과격한 방식보다 소통과 교 감을 통해 진심을 공유함으로써 마음을 얻는 방식을 택했다. 이전 방식과 방법은 다르지만 더 좋은 결과가 나타났다. 나의 진심을 공유하는 방식 중 가장 많이 활용했던 건 '목표를 세우 고 공유하기'였다.

목표를 세워 누구에게 알린다는 것은, 내가 세운 목표를 꼭 이루겠다는 염원과도 같다고 생각했다. 또한, 목표가 없는 사 람들에게는 목표를 세울 수 있는 이정표 역할을 해 줄 것이라 믿었다.

"내가 군 생활을 하면서 이루고 싶은 목표를 하나씩 정하고 공유합시다. 교관의 목표도 공유하겠습니다."

임관까지의 단기적인 목표가 될 수도 있고, 앞으로의 군 생활을 하며 이룰 수 있는 장기적인 목표가 될 수도 있다고 말했다. 무엇이든 좋으니 목표 하나씩 세워보고, 공유하는 시간을 갖기로 약속했다.

우리는 다양한 목표를 공유했다. 임관까지 10kg 체중을 감량한다는 목표, 특급전사를 달성하겠다는 목표, 여자친구를 만들겠다는 목표 등… 여러 목표를 공유하며 서로에 대해 알아가는 시간을 가졌다. 마지막으로 내 목표를 공유할 차례가 되었다.

"교관의 목표는… 최정예전투원이 되는 것입니다. 과거에도 도전했지만 실패한 경험이 있어요. 그 목표를 이루기 위해 끝까지 노력할 테니, 여러분도 자신이 세운 목표를 위해 꼭 노력했으면 좋겠습니다."

교육에 전념하며 한동안 잊고 지낸 줄 알았지만, 마음속에는 여전히 최정예전투원을 달성하지 못한 아쉬움이 남아있었다. 그리고 실패했다는 점을 꼭 강조했다. "여러분도 실패할 수 있지만, 끝까지 도전하면 목표를 이룰 수 있다."라고. 내 목표를 공유할 때마다 교육생들에게는 약속이 되었고, 나에게는 다짐이 되었다. 그 약속을 지켜 교육생들에게 본보기가 되고 싶었다.

교육생들과의 약속으로, 잊고 지냈던 최정예전투원이 지금까지 몇 명이나 선발되었는지 문득 궁금해졌다. 과거에 '100번째'를 마지노선으로 정해 놨기 때문에, 지금 내가 도전할 수 있는 시간이 얼마나 남았는지 확인해보고 싶었다. 그렇게 알아보니, 2021년도까지 정확히 99명이 선발되었다.

이럴 수가… 어느새 마지노선 코앞이었다. 이제 더는 물러설 곳이 없었다. 여유 부릴 틈도 없었다. 부랴부랴 평가를 준비하기 시작했다.

마지막 평가 이후 3년이라는 시간이 흘렀다. 긴 시간 공백이 있었기에 어찌할 줄 모르는 게 당연했다. 처음에는 혼란스러웠지만, 과거의 시간을 다시 떠올려 봤다. 다섯 번의 도전으로 축적된 경험은 나만의 합격 방식을 금방 일깨워줬고, 그 방식을 신뢰하며 다시 도전을 준비했다.

평가까지 남은 시간은 6개월이었다. 체력훈련부터 돌입했다.

자투리 시간을 활용해 기초체력을 단련했고, 급속행군 준비는 교육생들의 행군 시간에 함께 참여하며 준비했다. 사격 또한 교육생들의 사격이 끝난 후, 남은 시간을 활용해 사격훈련을 진행했다. 다른 과제들도 교육을 진행하면서 교육생들과 함께 장비를 착용하고 연습하며 평가를 준비했다. 임무 수행이 우선이었기에, 내가 할 수 있는 한 최선을 다했다.

그렇게 평가 일정이 다가왔다. 겸손하고 경건한 마음으로 평가에 임했다.

이른 새벽부터 진행되는 체력측정은 쉽지 않은 과제 중 하나였다. 체력측정의 불합격 원인 중 가장 큰 부분이 컨디션이라는 것을 알고 있었다. 과거 불합격 경험으로 알게 된 소중한 지식이었다.

개인화기 사격에서는 눈의 피로도, 심박 수까지 관리하는 요령을 터득했다. 사격 전에는 눈을 감고 피로도를 낮췄으며, 카페인이 심장을 빨리 뛰게 만들어 호흡을 방해할 거로 생각해 사격 전에는 카페인 음료도 피했다. 첫 2발을 놓치고 시작했지만 침착하게 나머지 표적을 명중시켜 18발로 합격할 수 있었다.

과거 기억과 경험을 바탕으로 과제 하나하나를 신중하게 준비했다. 우연인 듯 운명인 듯, 과거에 나를 집으로 돌려보냈던 화력요청 평가가 전투기술의 첫 번째 평가였지만, 이번에는 신중히 잘 통과했다. 나머지 과제들도 침착하게 통과했고 마지막 과제인 급속행군만을 남기고 있었다.

급속행군 평가에는 최종 3명이 도전할 수 있었다. 그 3명 중 가장 먼저 합격해야 내가 이루고자 했던 100번째 최정예전투원이 될 수 있었다. 출발 지점에서 마음을 정리하고 호흡을 가다듬고, "할 수 있다, 파이팅!"을 외치며 출발했다. 거리가 줄어들수록 몸에 누적되는 피로감은 더해졌다. 내리쬐는 태양은 정신을 혼미하게 만들었고, 군장은 어깨를 짓누르며 근육이 찢어지는듯한 고통을 느끼게 만들었다. 근육 경련만 일어나지 않기를 바라며 목표 지점으로 향했다.

"할 수 있습니다."

주문처럼 중얼거리며 온 힘을 다해 달렸고, 결국 가장 먼저 도착점에 도달할 수 있었다. 곧바로 사선으로 올라갔고, 2분 43초 만에 표적을 제압하며 100번째 최정예전투원이 될 수 있었다.

실패를 거듭하며 누적된 경험들이 결국 나를 승리로 이끌었
다. 그 경험이 헛되지 않았음을 증명했다. 비록 작은 경험이지만
마음속에서 언제든지 다시 타오를 수 있다는 사실을 증명했다.
뿌연 잿더미 사이에 파묻혀 보이지 않는 작은 불씨를 찾아낸 것
처럼.

잔불
끝까지 살아남는 열정의 비밀

길고 험난했던 최정예전투원 도전의 여정은 여러 차례의 실패로 얼룩져 있었다. 기초체력검정에서 허망하게 탈락하고, 악명 높은 급속행군에서는 17km 지점에서 주저앉았으며, 사격에서는 마지막 한 발이 어긋나 아쉽게 불합격했다. 여기에 화력요청 과제까지 막판에 넘지 못해 깊은 회의감이 들었고, 혹한기 훈련 중에는 발목 부상마저 얻는 바람에 '이젠 정말 끝인가…' 싶을 정도로 좌절감이 커졌다. 하지만 신기하게도, 이렇게 거듭된 실패에도 내면 어딘가에는 '다시 해보고 싶다.'라는 미묘한 열망이 계속 살아있었다. 마치 장작이 다 타들어 가며 사그라지는 듯 보여도, 은은하게 남아있는 잔열처럼 말이다.

나는 이 작은 불씨를 '잔불'이라 부르고 싶다. 거대한 불길이

한바탕 타오른 뒤에는 반드시 사그라지는 시점이 오지만, 그 잔해 속에는 늘 최소한의 불씨가 남는다. 최정예전투원을 향한 긴 여정에서, 이런 잔불이 없었다면 중도 포기가 당연했을지도 모른다. 실패가 거듭되는 과정에서 스스로를 의심할 때조차, 마음 한구석에선 "아직 완전히 끝나지 않았다."라는 낮고 희미한 목소리가 흔들리고 있었다.

그 잔불이 새로운 활력을 얻은 계기는 훈련부사관 과정이었다. 이미 자존감이 크게 떨어진 상태였지만, '이보다 더 힘든 도전은 없을 것'이라는 마음으로 지원했다. 실제 교육 현장에서 확인한 현실은 그보다 더 혹독했다. 교육생들에게 완벽한 전투기술을 시범 보이고, 항상 앞장서 체력을 끌어올리며, 지식과 지도를 모두 겸비한 '교관' 역할까지 해내야 했다. 매일 교범을 달달 외우고, 하루 서너 시간만 자면서도 과제를 소화해야 했지만, 과거 최정예전투원 훈련을 준비하며 쌓아 둔 시간은 절대 헛되지 않았다. 실패라 여겼던 과거가 잔불로 남아 조금만 자극을 주어도 다시 활활 타오를 에너지를 제공했다.

그러나 교육생들을 가르치면서, 또 다른 난관이 찾아왔다. 나는 '실패해도 끝까지 견뎌 보라.'는 식의 혹독한 훈련 방식을 강요했다. 속마음은 그들 역시 쓰라린 실패를 통해 더 크게 도약하

길 바랐으나, 교육생들은 도리어 압박감을 느끼며 급격히 지쳐 갔다. 곰곰이 생각해 보면, 내 안의 잔불은 긴 시간에 걸쳐 천천히 자라났고, 여러 사람이 기다려주며 지켜봐 줬기에 꺼지지 않을 수 있었다. 하지만 나는 교육생들에게 비슷한 환경이나 여건을 마련해 주지 못했다. 잔불을 살려내려면 적절한 공기, 시간, 그리고 공감이 필요한데, 나는 단박에 큰불로 타오르길 기대했던 것이다.

이 사실을 깨닫고 나서는, 목표를 함께 세우고 공유하는 방식을 택했다. 나도 '최정예전투원 자격을 다시 달성하겠다.'라고 공개적으로 선언했고, 교육생들에게도 '너희가 품은 목표를 무엇이든 함께 나누자.'라고 권유했다. 모든 이가 그 목표를 향해 스스로 적당한 속도와 방식으로 다가가도록, 서서히 열기를 높였다. 덕분에 교육생들과의 유대는 훨씬 끈끈해졌고, 나 역시 '잔불은 누구에게나 있으니, 그 불씨가 완전히 꺼지지 않도록 돕자.'라는 교훈을 되새기게 되었다.

이윽고 최종 무대가 다가왔다. '100번째 최정예전투원'에 도전하는 순간, 여러 차례 불합격했던 기억이 혹 나를 쓰러뜨리진 않을까 걱정됐지만, 이번에는 거꾸로 '이미 많이 실패해 봤으니 더 잘할 수 있다.'라는 신중함이 생겼다. 체력측정, 개인화기 사격, 전투기술 평가를 차근차근 통과하고, 과거의 트라우마였던 화력요청 과제도 담담히 넘었다. 마침내 급속행군에서 온몸이 비명을 질렀을 때, 뜻밖에도 내가 버틸 수 있던 원동력은 '잔불이 사그라지지 않고 남아있었다.'라는 사실에서 왔다. 결국 가장 먼저 도착했고, 2분 43초 만에 사격을 마무리하며 100번째 최정예 전투원이 됐다.

되짚어보니, 이 작은 잔불은 별것 아닌 듯 보여도 무궁한 잠재력을 품고 있었다. 스스로 소중히 여기고, 꺼지지 않게 보살펴 주면, 언젠가 다시 활활 타오르는 기회를 만든다. 완전히 재만 남은 듯해도 속에는 언제든지 재점화될 불씨가 숨어 있다는 믿음. 그것이 잔불이 던지는 메시지다. 그리고 이 잔불이 더욱 오래 유지되려면, 함께 열정을 나누어 줄 사람과의 교감과 지지가 중요하다. 실패가 이어질 때 한 사람이라도 '아직 끝나지 않았어.'라고 말해주면, 잔불은 끝내 살아남아 새 불길을 일으킨다.

그렇기에 이 잔불의 따스함은, 우리가 종종 즐기는 '불멍'과도 비슷한 위안을 선사한다. 장작불 앞에 앉아 가만히 타오르는 불길을 지켜보면, 어느새 복잡한 생각이 사그라들고 마음이 아늑해진다. 겉으론 꺼져 가는 듯해도 속에서 은은히 빛나는 불씨가 있다는 사실에, 왠지 모를 안도감을 느끼는 것이다. 폭죽처럼 짧은 화려함이 아니라, 불멍처럼 오래 곁을 지키며 사람을 편안하게 해 주는 따뜻함. 이것이 바로 잔불이 지닌 가장 큰 가치다.

결국 삶에서 중요한 것은, 장작이 다 타버려도 마음 한편에 잔불이 남아있다는 깨달음이다. 큰불이 사그라져도, 어느 구석엔 불꽃의 씨앗이 살아있으니 다시 일어설 수 있다. 잔불을 들여다보는 그 조용한 순간에, 우리는 폭주하던 시간을 잠시 멈추고 새로운 가능성을 마주한다. 바로 이것이 잔불의 은은한 힘이며, 결국 그 불씨가 더 크고 깊은 도전으로 우리를 인도해 준다. 한때는 완전히 꺼졌다고 믿었던 장작 사이에서도 불씨를 발견하는 불멍의 평온함처럼, 잔불은 실패와 포기 사이에서도 희망을 찾게 하는 등불이 된다. 그리고 그 희망이, 우리가 다시 뛰어오르고 다시 꿈꾸게 만드는 진정한 에너지가 아닐까.

PART 10 〉〉〉

자기계발 끝판왕, 글쓰기

고유동

개인 저서 출간(2권), 등단 수필가
글쓰기 대회 다수 입상(대통령상 등)

고유동 작가 소개

무작정 책만 많이 읽던 군인

어린 시절, 내가 살던 반지하 단칸방 구석에는 세월의 풍파를 한껏 겪은 사람처럼, 폭삭 늙어버린 원목 책장이 있었다. 그곳에 가지런히 꽂혀 있던 위인전과 과학도서, 그리고 이름 모를 전집과 사전들.

당시의 나는 호기심이 가득했고 특이한 걸 좋아했던 터라 눅진한 장판과 누런 벽지, 낡은 책장이 이루는 기묘한 모서리에 몸을 밀어 넣곤 했다. 딱딱한 벽이 몸을 꽉 조여오는 느낌은 뭐랄까. 삼면이 나를 안온하게 지탱해줬기에 그럭저럭 괜찮았다. 덕분에 시간 가는 줄 모르고 책을 읽을 수 있었다.

숨 쉬듯 책을 읽던 어느 날, 가벼운 궁금증이 생겼다.
'나는 언제부터 책을 읽기 시작했을까?'
기억에 잠금장치라도 되어있나 보다. 시기도, 책 제목도 도무지 떠오르지 않는 것을 보면. 오직 한 가지만 떠올랐다. 그건 어머니의 다정한 목소리였다.

"책을 많이 읽어야 훌륭한 사람이 된단다."

그래, 이 말 때문이었다. 여기에서 모든 게 시작됐더랬지. 나는 평범한 꼬마였기에, 어째서 책을 읽어야 훌륭한 사람이 되는지 몰랐다. 하지만 어릴 적엔 어머니의 말이 곧 진리 아니던가.

착한 어린이였던 나는 고개를 끄덕이며 어머니의 말을 곧이곧대로 받아들였다. 학창시절, 책을 열심히 읽었던 이유에는 이런 사정이 있었다. 책을 읽는 목적이나 효용은 생각하지 않은 채 손에 닿는 대로 읽었다. 주말에도 읽고 시험 기간에도 읽었으며, 소설도 읽고 무협지도 읽었다. 머리가 굵어지고, 아는 것이 많아지면서 자연스레 어머니의 말에 대한 의문이 생겼다.

'왜 책을 많이 읽어야 훌륭한 사람이 되는 걸까?'

독서 분량과 훌륭한 사람과의 관계는 인과관계인가, 아니면 상관관계라도 있나? 원인과 결과라는 양극단 사이에서, 나는 한없이 방황했다. 물론 보람찬 느낌은 있었다. 수백 페이지를 읽고야 말았다는 성취감. 이를테면 행위에서 느껴지는 피상적인 감동이었는데, 이토록 가벼운 허영심이 학창시절 독서의 원동력이었다.

문제에 대한 답을 찾을 필요는 없어 보였다. 그저 읽고 있다는 사실이 나에게 뿌듯함을 안겨주었다. 나는 사춘기였고 감성이 이성을 누르는 시기였으므로. 손쉬운 길을 택했다. '왜?'란 질문을 생각하지 않기로 했다. 이런 거 없어도 지금까지 잘살았고, 앞으로도 잘살 수 있을 것 같다는 생각에 나는 불편한 고민을 멈췄다.

고민이 삭제됐으므로 맹목적으로 읽었다. 어머니의 조언을 고이 간직한 채, 사관학교 시절에도, 임관하고 나서도, 소대장에서 중대장으로, 소령에서 중령으로 진급할 때까지 그저 읽었다. 읽는 행위가 좋았고, 가끔 내 마음과 공명하는 문장을 발견했을 때 느껴지는 희열이 좋았다. 그러나 한편으론 아쉬웠다. 쌓이는 족족 흘러나가는 무언가가 느껴져서다. 축적되지 못하고 사그라지는, 번갯불처럼 튀어나왔다가 촛불 꺼지듯 사라지는 내 생각들.

어느새 내 마음속엔 강박감이 자리했고, 강박은 점점 커져서 집착으로 변했다.

나는 괴물이 되어 게걸스럽게 책을 탐했다. 책의 물성을 소유하고픈 욕심에, 읽어내지도 못할 많은 책을 샀다. 그러고선 또 다른 책을 찾아 나서는 나. 허기를 채우지 못해 끝없이 고통받는 아귀의 모습과 다름없었다.

배고픈 아귀는 책이 사는 집에 관심이 많았다. 이를테면 도서관이나 서점 말이다. 그래서일까. 책이 사는 집에 한 번 들어가면 모든 서가를 구석구석 살펴봤다. 한 코너도 예외는 없었다. 구석에서 얼굴을 빼꼼 내놓은 책들까지도. 이때 누군가가 나를 관찰했다면 아마도 굉장히 지루한 모습이었을 거다. 투박하게 생긴 허름한 남자가 무슨 명품 매장 오픈런 하듯 문을 열자마자 들어와 문을 닫기 직전에 나가는 모습. 안에서 특별한 일을 하는 것 같지도 않다. 계속 서가를 돌아다니고 책을 들었다가 놓고 뭔가를 메모하고 잠시 넣 놓는 광경. 매장 직원조차 들여다보지 않는 음침한 동굴 같은, 책장 깊숙한 곳을 흥미롭게 바라보고 있는 모습. 정말 기괴함의 종합선물세트다.

아귀는 끊임없이 배회했다. 소화하고 싶으나 소화하지 못하고, 먹는 족족 토해냈다. 책을 읽고 읽은 그대로 게워냈다. 저자가 한 권의 책으로 압축시킨 사유를 곧이곧대로 받아먹고 곧이곧대로 쏟아냈다. 나는 꾸준하게 무언가를 하고 있었으나, 그 무언가는 정체를 드러내지 않고 있었다. 행위만이 있었을 뿐이다. '했다.'라는 허영만이 안개처럼 남아 시야를 가리고 있었다.

시간이 지날수록 답답함은 더해갔다. 책에 집중할 수 있는 여건이 나빠져서다. 계급이 올라갈수록, 직책에 담긴 무게가 점점 무거워질수록 독서시간의 확보는 어려워진다. 그럴 수밖에 없다. 아무래도 군인인 이상 국가를 방위하고 국민의 생명과 재산을 지키는 일이 일 순위가 되는 건 당연하니까. 그렇지만 아쉬웠다. 아직 훌륭한 사람이 못 되었다는 강박은 나를 자꾸만 재촉했다.

군인정신 또한 나를 독려한다. 극한상황에서도 길을 찾아야 한다고. 시간이 없다면 만들든지 불필요한 시간을 줄이든지 얼른 방법을 찾으라고. 그렇게 무작정 책만 읽으면 되는 줄 알았던 군인에게 한계가 다가오고 있었다.

서평을 쓰기 시작하다

   손에 쥔 모래가 스르륵 새어나가듯, 책을 읽는 족족 무언가가 빠져나감을 느낄 때쯤 어떤 강의를 들었다. 별 기대는 하지 않았다. 독서의 중요성에 관해 이야기하다 끝나는 강의겠거니 하며 가벼운 마음으로 들었는데 이번엔 뭔가 달랐다. 교수의 실력이 대단해서였을까. 당장 서평을 써봐야겠다는 생각이 들었다.

   의지가 사라지기 전에 실천했다. 강의가 끝나자마자 책을 읽었고 읽으면서 인상 깊었던 문장을 연습장에 옮겨 적었다. 그리고 교수가 소개해준 서평 양식을 참고하여 한 줄씩 써 나가기 시작했다. 역시 그냥 보고 듣는 것과 직접 써보는 것은 천지 차이였다. 강연을 들었을 때 저 정도는 쉽게 할 수 있겠다고 생각했는데 양식에 적힌 별것 아닌 질문에도 제대로 답하기 어렵다니. 그래도 칼을 뽑았으니 무라도 베야 하는 법. 되든 안 되든 계속

써 내려갔다.

세 시간이나 걸렸다. 글자 수로 따지면 1,000글자 정도 되려나. A4 1장 분량도 되지 않는 데다가, 삼 분의 일은 질문이 차지하는 글. 이 퇴고도 안 된 허름한 글이, 내가 태어나서 마음먹고 제대로 쓴 첫 글이었다. 새삼 어떤 감동이 차올랐다. 글을 잘 썼다는 확신은 없었지만 무언가 완성됐다는 성취감이 컸다.

종이 한 장을 두고 오랜 시간 생각에 잠겼다. 계속 쓰고 싶은 마음. 이 동력을 잃지 않으려면 어떻게 해야 할까. 불현듯 어떤 열망이 솟아올랐다. 이를테면 책을 읽고 서평을 꾸준히 쓰고 싶다거나, 책 이야기를 나누고 싶다는 별것 아닌 마음이었다.

두 가지 방법이 떠올랐다.

첫 번째는 부대 안에 독서동아리를 만드는 것. 이를 통해 부대원에게 독서와 글쓰기의 유익을 알려줄 수 있을 것 같았다.

두 번째는 인스타그램에 서평을 올리는 것. 다양한 분야의 사람들과 책 이야기를 나눔으로써, 내가 미처 하지 못한 생각을 배우고 싶었다. 내 지식의 한계를 깨줄 것 같은 예감. 어떤 거창한 목표가 있는 것은 아니었으나 이런 사소한 과정이 미래의 나에게 큰 도움이 될 것 같았다.

나는 어떤 결정을 하면 머뭇거리지 않는다. 그리하여 두 가지를 동시에 실천하기로 마음먹었다.

부대원과 독서와 글쓰기에 관한 이야기를 나누면서, 내가 구상한 독서동아리를 소개했다. 함께하고 싶은 사람은 자율적으로 참여할 수 있도록. 당시 나는 이런 생각이었다. 한 명만 신청해도 그 친구와 격의 없이 책 이야기를 나누겠노라고. 큰 기대는 하지 않았으나 무려 일곱 명의 부대원이 신청했다. 우리는 당장 독서동아리를 결성했고, 한 달에 두 권을 읽기로 했다. 함께 읽을 책 한 권과 개별적으로 읽을 책 한 권. 원칙도 정했다. 매주 토요일에 부대 도서관에 모여 한 시간가량 책 이야기를 나누고 서평을 쓰기로.

이제 어떤 책을 읽을지 결정해야 했다. 당시의 나는 과학도서나 실용서를 주로 읽었다. 그러다 보니 한계를 느꼈다. 뭔가 편향적인 인간이 되어가는 불쾌한 기분이었달까. 균형 잡힌 관점을 갖기 위해선 선호하지 않는 분야의 책도 읽어야 하는 법. 그래서 책 선정 권한을 동아리 회원들에게 일임했다. 마침 회원 한 명이 얇은 고전소설로 시작해 보자고 하여 첫 번째로 함께 읽을 책이 결정됐다. 그건 '알베르 카뮈'의 《이방인》이었다.

회원들은 다들 좋아했고. 열심히 읽었으며 각 잡고 서평을 쓰기 시작했다. 마침 부대에서 서평 경연대회가 활발히 개최되고 있던 시기라 모두가 자발적으로 서평 쓰기에 열중했다. 매주 한 번씩 만나서 책 이야기를 나누며 서로가 서로에게 배웠다. 뿌듯했다. 신병교육을 담당하는 조교들이 이토록 자기 주도적이라니! 이들에게 교육받는 용사들 또한 자기 주도적으로 훈련에 임할 수밖에 없겠다는 확신이 들었다.

다음은 인스타그램. 계정이 없어서 새로 개설했다. 오직 책 이야기만 나누려는 목적이었기 때문에 필명으로 가입하고 지인들에게 알리지 않았다. 나름의 원칙을 세웠다. 하나의 게시물에는 한 권의 책 사진이 들어가고, 서평 양식에 맞춰 1,500글자 내외의 서평을 써서 올리겠노라고. 그렇게 시작했다. 당시의 나는 어떤 분야를 정하고 그 분야와 관련된 책을 몰아서 읽곤 했는데 사람들은 그 방식이 흥미로웠나 보다.

'뇌과학' 분야의 책 12권을 읽고 각각의 서평을 쓴 다음, 종합 서평을 남기자 팔로워 수가 갑자기 늘었다. 다음으로 '인공지능' 분야의 책 14권을 읽고 각각의 서평을 쓴 다음, 종합서평을 남기자 마찬가지로 팔로워 수가 다시 늘었다. 그때 알았다. 세상에 책 안 읽는 사람이 많다고 하지만, 여전히 읽는 사람들은 읽고 있다는 것을. 그리고 그 수는 생각보다 많다는 것을.

독서동아리 참여와 인스타그램 활동, 두 가지 방식의 독후 활동은 독서 스펙트럼의 확장과 글쓰기 실력향상에 큰 도움이 됐다. 그리고 미처 예상하지 못한 부분인데 북스타그래머와 나누는 책 이야기는, 꾸준히 읽고 쓰는 데 커다란 원동력으로 작용했다. 이야기를 나누려면 책을 읽고 짧게나마 독서단상을 글로 써야 한다. 그러면 누군가 댓글을 달아준다. 별것 아닌 소통이지만, 덕분에 하루에 생기가 더해졌다. 독서가 삶의 중심에 들어오면서 일상이 풍요로워졌다. 말과 행동이 달라지기 시작했다. 독서는 자연스레 과학에서 문학으로 이어졌고. 서평을 39편 썼을 때쯤 무언가 변화가 감지됐다.

에세이에 눈을 뜨다

　알베르 카뮈의 《이방인》, 《시지프 신화》, 《페스트》, 《반항하는 인간》을 연달아 읽고, 간신히 종합서평을 썼다. 문학작품 서평 쓰는 일은 쉽지 않았다. 그동안 여러 편의 서평을 썼지만 이런 일은 처음이라 조금 당황했다. 왜 이렇게 안 써지는 것일까. 곰곰이 생각해 보니, 과학이나 경제경영서는 논지가 확실하고 일목요연하게 정리되어 있으므로, 머릿속에 틀을 세워두고 읽는 게 가능했던 것 같다. 그런데 문학작품은 이야기가 인물-사건-배경의 틀 안에서 전개되다 보니 늘 모호했다. '이게 정답.'이라고 딱 잘라 말할 수 없는 것투성이라 더욱 어렵게 느껴졌다. 그래도 끝까지 썼다. 나 자신과의 약속이었으므로. 이 또한 배움이라는 생각에 계속 나아갔다.

　카뮈 연계 독서를 마치고, 카프카 전집 읽기를 계획했다. 정답이 없는 문학작품의 매력에 빠진 데다가, 카뮈 작품에 등장하는 '카프카' 이야기가 상당히 흥미롭게 느껴졌기 때문이었다. 이번엔 접근방법을 달리하기로 했다. 작품을 충실하게 읽기 위해, 작가와 작품 전반을 소개한 개론서를 먼저 읽자고.

생각이 여기까지 이르자, 한 가지가 고민됐다. 카프카 전집은 도서관에도 없고, 다른 경로로 구하기도 어려웠던 터라 구매할 수밖에 없는 상황이었는데 열 권으로 구성된 한 세트가 수십만 원에 이를 정도로 고가였기 때문이다. 나는 전문적으로 문학을 연구하는 학자도 아니고, 문학에 심취한 사람도 아닌데 이렇게까지 읽을 필요가 있을지 고민했다. 하지만 마음속에서는 이상하게도 '꼭 독파해보고 싶다.'라는 욕구가 솟아오르고 있었고, 권마다 서평을 남겨서 마음속에 오래 간직하자는 의지가 있었기에 과감하게 구매했다. 그리고 읽어나갔다.

카프카 평전을 먼저 읽은 것은 현명한 결정이었다. 평전은 900페이지에 육박했지만, 전기와 작품세계가 균형감 있게 서술되어 있어서 수월하게 읽었다. 다 읽고 평전에 대한 서평을 세심하게 작성하고 SNS에 올렸다. 공식적으로 발행한 서른아홉 번째 서평이었다.

다음 읽을 책은 카프카 전집 1권, 단편 전집이었다. 그 유명한 단편 〈변신〉이 수록된 수백 페이지짜리 소설 모음집. 한 페이지씩 읽어내려갔다. 이즈음, 마음속에서 변화가 감지됐다. 그때가 생생하게 기억난다. 마음속 욕망이 어떤 탈피를 꿈꾸고 있었을까. 나는 보통 책을 읽을 때 서평을 염두에 두고 읽었었는데. 이날은 달랐다. 계속 딴생각이 났다. 한 줄 읽으며 몽상에 잠기고 한 문단 읽으며 과거 내가 했던 경험과 연결되는 지점을 발견했다. 한 편을 다 읽었을 땐, 내가 그 단편의 주인공이 된 것처럼 마음이 아렸다. '서평'을 염두에 둘 수 없었고 그냥 책에 깊이 잠겨있는, 어쩌면 코마 상태였는지도 모른다.

이틀에 걸쳐 1권을 다 읽었을 때, 모종의 변화를 느꼈다. 나는 읽기 전의 내가 아니었다. 노트북을 켜고, 서평 양식과 상관없이 손가락이 움직이는 대로 글을 썼다. 일단 깊은 인상을 남긴 단편 6편에 대한 각각의 서평을 썼고, 그제야 1권 전체에 대한 서평을 쓸 수 있었다. 다 쓰고 보니 조금 우스웠다. 서평과 거리가 먼, 이상한 글이 써졌기 때문이었다. 완전히 내 감정이 드러난 글. 책과 내가 연결되면서 튀어나온 까끌까끌한 단상들. 그런데 그때 기분은 무척 상쾌했고 기뻤다. 오랜 기간 장애인으로 살다가 이제야 내 언어로 말하게 된 것과 같은 환희였달까.

지금은 안다. 그때 쓴 글은 서평이 아니었음을. 그것은 일종의 독서 에세이였다. 나는 정말 우연히, 책을 읽고 서평을 쓰다가 '에세이'에 눈을 떴다.

　이 과정을 통해 '서평'은 감옥이었음을 깨달았다. 나쁜 뜻이 아니다. 감옥은 제약과 통제 속에 가두는 유무형의 공간이지만 그곳에는 어떤 초월의 가능성이 숨겨져 있다. 무언가 새로운 것이 깨어나도록 끊임없이 압력을 가해주는. 내게 '서평'은 그런 의미였다. 글을 쉽게 쓸 수 있도록 기계적인 틀을 제공해줬고, 그것에 익숙해지자 답답함의 감정을 일깨워주었기 때문이다. 기계적이고 틀에 박힌 삶. 평생을 그런 삶 속에서 살아왔다면 그것이 이상한 점을 깨닫지 못하고 영원히 그렇게 살다가 죽을 수밖에 없다. 하지만 단 한 번이라도, 단 한 순간이라도 틀 밖의 세상을 느끼는 경험을 한다면, 틀 안에 있는 사람은 그 '틀'이 족쇄임을 깨닫게 된다. 그 지점에서 돌파의 가능성이 생긴다. 내게 일어난 일도 이와 같았다.

　서평을 처음 쓸 땐 몰랐다. 양식 채우기에 급급했으니까. 그런데 쓰면 쓸수록 답답함이 커졌다. 하지만 내 마음대로 쓰고 싶다는 욕구를 억누르고, 기계적으로 정해진 양식, 정해진 질문에 답하는 방식으로 글을 썼다. 왜냐하면 아직 내 글을 내 마음대로 쓰기엔 부족하다고 느꼈기 때문이다. 그러다가 문학작품을 만나면서 임계점에 다다르고, 물이 99도에서 100도가 됐을 때 기화

되는 것과 같은 방식으로 마음이, 손이 자유롭게 풀려났다. 의도하지 않았지만, 내 생각은 '양식'대로 쓰기를 거부하고 내가 그동안 갈고닦은 '언어'로 쓸 것을 명령했다. 나는, 내 글은, 그렇게 자유를 얻었다.

백일장 공모전 도장 깨기

에세이란 형식은 나에게 무한한 자유를 선물했다. 내 생각을 내 언어로 풀어내는 데 거리낌이 없는 상태란 뭐랄까, 구름 위 하늘을 여유롭게 유영하는 기분이랄까. 당시의 나는 이질적인 생각과 낱말을 조합하여 문장을 만들어내고 있었는데, 그 특이함과 고유성이 좋았다. 마치 시인의 그것처럼. 관련 없는 것들을 짝지어서 의미를 만들어내는 작업이 흥미로웠고, 그 과정을 통해 내면이 정화되는 느낌을 받는 것도 기뻤다. 그렇게 여러 편의 글이 탄생했다.

궁금했다. 내 글이 어느 수준에 다다른 건지. 인스타그램은 좋은 평가 일색이라 글 자체에 관한 객관적인 감각을 갖기 어려웠기에 뭔가 검증할 도구가 필요했다. 물론 어느 정도 감각은 있었다. 이를테면 공학적 낱말과 사물을 이어붙이는 은유를 즐겨 사용하고, 짧게 끊어지는 선언형의 문장에서 시작하여 인과관계를 직조해내는 전개방식. 그러나 여기까지였다. 글은 독자에게 읽혀야 할 운명이기에 작가 혼자 아무리 발버둥을 쳐도 닿을 수 없는 지점이 있다. 나는 그렇게 미궁에 빠졌다.

독서 에세이를 쓰는 건 습관이 됐다. 아직 글에 대한 확신은 크게 없었지만, 습관이란 관성은 어찌 됐든, 무슨 상황이든 쓰게 해 줬다. 다행인 것은 이 과정이 익숙해져서, 읽고 쓰는 데 시간이 대폭 단축됐다는 점이다. 그렇게 111권을 읽고 독서 에세이를 쓴 시점에 누군가에게 연락이 왔다.

"대대장님, 이번에 전국 고전 읽기 백일장대회를 하는데 여기 나가셔야죠?"

한 달에 한 번씩 부대에 오시는, 서평 전문 강사님 연락을 받고 당황했다. 대회가 열리는 건 알았으나 나갈 생각이 없어서였다. 지금까지 살면서 백일장이나 문학 공모전 같은 대회에 나가 본 적이 전혀 없었고, 나 스스로 그런 큰 대회에 나갈 실력이 안 된다고 생각했기 때문에 부담됐다. 게다가 대상이 '대통령상'이라니! 헛웃음이 나왔다. 마침 좋은 변명거리가 있었다. 본선 대회가 열리는 날은 가족 부산 여행 기간과 겹쳐있었다. 그래서 대충 얼버무렸다. 상황 봐서 나가겠노라고. 하지만 내심 못 나가겠다는 결정을 해둔 상태였다.

10월 말, 가족과 함께 해운대 해변을 따라 산책하고 있는데, 다시 한번 연락이 왔다. 대회에 참석해보라는 권유. 처음 연락받았을 당시와는 달리 심각하게 고민했다. 부대원 몇 명이 대회에 참석하게 됐기 때문이었다. 갑자기 부끄러워졌다. 리더인 대대장이 부대원과 함께하지 않고 여행지에서 놀고 있다는 사실이. 그래서 가족에게 양해를 구하고 대회에 참가하기로 했다.

대회 당일, 아침 일찍 부산에서 출발하여 대회장에 도착했다. 부대원들과 인사를 나누고 대회 현장에 들어선 순간 당황했다. 마치 수능시험장에 온 기분이 들어서였다. 휴대전화는 사용할 수 없고, 무려 세 시간 동안 글만 써야 한단다. 그것도 커다란 종이 네 장에 자필로. 하지만 어쩌랴. 이미 앉았으니 최선을 다해보자고 마음먹었다.

몇 페이지짜리 단편 고전이 배부됐고, 쭉 읽었다. 이해가 안 돼서 다시 읽었다. 그래도 잘 이해가 안 돼서 또다시 읽었다. 당최 무슨 글인지 감조차 잡히지 않았다. 작가와 책 제목을 알아내려는 시도는 포기하고, 그냥 내용 중에서 와닿는 구절을 찾아보기로 했다. 그리고 다시 읽었다. 네 번째 읽으니 무언가 보였다. 주인공의 삶. 그 거리낄 것 없는 자유가 멋졌고, 이를 감지하는 순간 소설 속 인물의 삶과 내 삶이 연결됐다. 연결은 확장되는 법이다. 내 삶에서 그동안 경험했던 다양한 우여곡절, 내가 읽었던 책이 한꺼번에 접속됐다. 자연스레 글 전체를 어떻게 구성해야 할지 그림이 그려졌다. 무엇을 어떻게 써야 할지 느낌이 왔달까.

마지막 한 시간은 수월했다. 지금까지 생각했던 것들과 종이에 끄적였던 것을 정제하여 풀어내기만 하면 됐기 때문이었다. 다 쓰고 나서 어찌나 통쾌하던지. 내가 하고 싶은 말을 200%다 토해낸 기분. 문득 생각했다. 이런 맛에 작가들이 글을 쓰는 것 같다고. 한 편의 글을 제한된 시간에 제한된 장소에서 정해진 주제로 써 내려가는 일. 마치 실전 전투를 하는 기분이었다. 그러니 매료될 수밖에.

대통령상을 받았다. 대회 입상 경험은 글쓰기에 자신감을 부여한다. 홀로 쓴 글이지만 누군가에게 심사를 받았고, 인정받았다는 의미이기에. 그것은 일종의 증명이다. 내가 쓴 한 편의 글이 사회에 어떤 울림을 전해줬다는 뜻이기도 하다. 나는 상을 받음으로써, 이런 대회에 참가하는 일 자체가 글쓰기 실력향상에 커다란 도움이 된다는 것을 깨달았다. 입상하면 심사평과 함께 상을 받으니까 좋고. 떨어지더라도 대회에 참가하기까지의 노력, 그리고 내가 쓴 글(작품)이 남게 되니 이건 여러모로 남는 장사였다. 공짜로 내 글을 평가받을 수 있는 절호의 기회! 나는 그렇게 백일장과 공모전 도장 깨기를 시작했다.

상은 신외지물(身外之物)이라 믿지만, 한편으로는 제로에서 시작하는 사람을 위한 효과적인 증명이라고 생각한다. 작가 스스로 글에 확신을 가질 수 있고, 독자에게도 읽을 만한 글이라며 권할 수 있는 그런 증명. 나는 문학도가 아니었기에 내 방식대로 백일장과 공모전에 수십 차례 도전함으로써, 스스로 벽을 깼다.

내 이야기를 책으로 만들기

    2024년 초, 전역을 결심하고 책을 쓰겠다는 목표를 세웠다. 글쓰기에 익숙한 상태였으므로 책은 쉽게 쓸 수 있을 줄 알았다. 잘못된 생각이었다. 책 쓰기는 글쓰기와 전혀 다른 영역의 일이란 걸 수많은 시행착오를 겪어가면서 깨달았다. 하지만 시판되는 책 쓰기 수업이나 코칭을 받고 싶진 않았다. 가격이 너무나 비쌌기 때문이었다. 심지어 어떤 과정은 천만 원이 넘는단다. 헛웃음이 나왔다.

    그동안 군 생활을 하면서, 웬만한 난관은 몸으로 부딪히며 해결했기에 책 쓰기 과정 또한 직접 수행해보고 싶었다. 이런 생각도 있었다. 앞으로 작가로 살려면, 단 한 번이라도 고난의 과정을 제대로 겪어봐야 한다는 생각. 일단 찾아봤다. 인터넷과 유튜브를 뒤져가며 책 쓰기 과정을 개략적으로 파악하고, 내가 그동안 써 왔던 글을 분류해봤다.

　　산문(20편)
　　육아 이야기(3편)
　　훈련병 이야기(10편)
　　글쓰기 노하우(2편)

　　크게 네 종류로 분류할 수 있었다. 내심 전역 전에 두 권은 출간하자는 목표를 세워뒀으므로, 선택과 집중을 해야 했다. 당시 가장 잘 써지던 글은 산문이었다. 육아 이야기는 코믹이라는 콘셉트는 확정했으나 주춤거리는 상태였고, 훈련병 이야기는 열 편까지 활활 타오르며 썼다가 멈췄다. 글쓰기 노하우는, 먼 미래에 글쓰기 강의를 하고 싶다는 열망이 담긴 글이었다. 결정의 시간. 나는 산문집과 육아 이야기를 먼저 출간하기로 했다.

　　마음을 먹고 집에 돌아오자 딸이 놀아달라며 달려든다. 좀 쉬고 싶은데 계속 보채는 다섯 살짜리 딸을 보며, 그동안 딸에게 당한 일들이 주마등처럼 스쳐 지나갔다. 그리고 문득 책에 관한 전반적인 흐름이 느껴졌다. 자연스레 글쓰기에 불이 붙었고, 기획이란 걸 해서 주제와 목차, 소제목을 결정했으며 두 달 동안 육아 이야기 40편을 썼다. 당시 내가 참여하고 있던 글쓰기 모임에서는 글이 재밌다며 열렬한 응원을 보내주었고, 제목과 소제목을 결정하는 데 중대한 조언을 해 주었다. 11만 글자 분량. 에세이 한 권을 만드는데 충분한 분량의 초고가 이렇게 완성됐다.

이 책이 첫 번째로 완성됐기에, 정석대로 해보겠노라 결심했다. 바로 기획출간! 성공확률이 몹시 낮은 '투고'의 길을 가 보기로 한 것이었다. 하지만 시작부터 난관에 봉착했다. 출판사에 투고할 때 원고만 보내면 안 된단다. 출판사에 접수되는 투고 원고는 하루에도 수십 건에 달하므로, 하나하나 열어보기 힘들다. 따라서 편집담당자가 쉽게, 책의 요지를 파악할 수 있도록 출간기획서를 만들어야 한다.

출간기획서를 완성했다. 형식은 워드프로세서, PPT, 카드뉴스 어떤 형태로든 관계없다지만, 나는 아래아 한글로 작업했다. 출판사 메일주소를 확인하는 데도 큰 노력이 들었다. 주소가 단번에 검색되지 않았기 때문이다. 그래서 서점을 오가며 '판권' 페이지에 있는 출판사 메일주소를 수집했다. 힘은 들었지만, 그 과정에서 배우는 바가 있었다. 출판 트렌드라든가, 제목, 북 디자인 같은 요소들. 하나하나가 귀중한 정보였다. 집으로 돌아와서 메일주소를 정리하고, 출판사별로 따로따로 메일을 보냈다. 간략한 소개와 함께. 그리고 기다렸다.

며칠이 지났고, 수십 곳에서 거절 메일이 왔으며, 몇 군데에서 긍정적인 답변이 왔다. 그중에서 한 곳과 출간계약을 맺었다. 몇 개월에 걸쳐 몇 번의 퇴고 과정을 겪었다. 이런저런 구성을 적용해보고, 문장과 단어를 바꿔 보고, 시간이 지날수록 글이 나아짐을 체감했다. 세간의 통념은 옳았다. 퇴고는 하면 할수록 좋다. 더는 수정할 곳이 없다고 느낄 무렵 편집이 끝났다. 이렇게 육아 이야기가 책으로 탄생했다.

두 번째 책은 산문집이었다. 이 책은 육아 이야기와는 다르게 기획을 먼저 하지 않았다. 글이 먼저였고, 글의 감성을 바탕으로 제목과 기획을 다듬었다. 아무래도 인문과 철학을 바탕으로 한 산문집이라 조금 진지했고 무거웠다. 그래서 이 책은 '반기획 출간'으로 결정했다. 이 출간방식은 작가가 어느 정도 비용을 들여야 한다. 하지만 이 방식은 작가의 요구사항이 대부분 반영된다. 나는 산문집이 내가 원하는 제목과 표지로 만들어지길 원했고, 내가 추구하는 문학성이 훼손되길 바라지 않았기에, 이렇게 결정했다. 그렇다고 책이 빠르게 나오진 않는다. 교정 교열과 퇴고 과정은 기획출간과 같은 과정을 거쳐야 했으므로 시간이 걸렸다. 그리고 마침내 첫 산문집이 탄생했다.

전역 전에 책 두 권을 출간하겠다는 목표는 달성했다. 이 과정에서 큰 깨달음을 얻었다. 전역 전에 자신의 이야기를 정리하여 책을 펴낸다는 게, 얼마나 자신감을 부여하는지. 책을 쓰면서 자신의 내면을 성찰하고, 가치를 찾아간다는 게 어떤 의미인지 절실히 깨달았다. 그리고 새로운 목표가 생겼다. 이런 의미 있는 일을 후배들에게 전해주고 싶다는 마음. 신분을 떠나, 이제 갓 들어온 훈련병이라도 전역 전에 책 한 권을 쓸 수 있고. 그것이 각자의 삶에 커다란 무기가 되어줄 수 있다는 이야기를 널리 전하고 싶다.

나는 직접 경험했으므로 말할 수 있다. '갓생'이란 자기 확신을 이뤄줄 수 있는 가장 강력한 무기, 돈과 명예를 넘어설 수 있는 어쩌면 유일한 그것은 바로 글쓰기이고, 책 쓰기라고.

최영웅 | 실천독서 갓생러 | 육군 소령 (3사관학교)

군 생활이든 인생이든 행복한 날만 가득하진 않을 것이다. 계급과 나이의 한계로 포기했던 아쉬운 일들이 얼마나 많았는 가. 그럼에도 불구하고 당신은 미래를 위해 나아가고 있다. 그 길에 누군가 손을 잡아주고 이끌어준다면 얼마나 좋을까. 나 역시 당신과 같은 고민, 좌절, 역경을 겪으며 여기까지 왔다. 그 길에서 포기하지 않았던 단 한 가지! 성장을 위한 열정이었 다. 당신의 손을 잡아줄 열정 넘치는 10명의 군인들이 여기 있 다. 당신의 '갓생'을 응원하고 지지하겠다. 자, 우리의 손을 잡 아보겠는가?

유나현 | 긍정 갓생러 | 육군 대위 (학군사관)

사회초년생, 인생에서 누구나 겪고 거쳐야 할 과정. 초급간 부, 군대에서 누구나 겪고 거쳐야 할 과정. 이 시기를 똑똑하게 보낸다면 그 누구보다 더 성장하고 인정받을 수 있다! 처음이라 파도처럼 몰려오는 긴장감, 실수, 두려움들을, 오히려 처음이기에 할 수 있는 용기, 패기, 자신감으로. 더 나아가 막내다운 긍정 에너지로! 설렘 반 두려움 반으로 새 출발에 선 후배들을 위해 슬기롭게 헤쳐나가는 방법들을 유긍정이 직접 겪은 에피소드로 풀어 보았다. 어디서든 예쁨을 받아도 막내가 받는다. 그리고 그 기회는 다시 돌아오지 않는다. 이 순간이 아쉬워지기 전에 마음껏 누려보자! 그 방법을 이 책이 알려줄 것이다. "Make it count!"

김민수 | 달리기 갓생러 | 육군 대위 (학사사관)

나는 달리는 사람이다. 속도가 빠르고 느리고는 중요하지 않다. 달리면서 성장하고 있는지가 중요하다. 인생에 정답이 없듯 달리기에도 정답은 없다. 하지만 작고 보잘것없던 '나'라는 존재가 달림으로써 아주 조금씩 성장하고 있음을 알게 되었다. 달리면서 도전과 실패 그리고 성장을 반복하며 어쩌면 이러한 행위에 중독되어버린 나는 달리기와의 인연을 계속 이어 가려 한다. 내일의 내가 오늘의 나보다 1% 성장하는 삶을 살아가는 당신에게 나의 이야기가 닿기를 바란다.

박찬웅 | 루틴 갓생러 | 해군 대위 (학사사관)

루틴은 나를 바꾸는 가장 확실한 방법이다. 작은 도전에서 시작해 목표를 이루기까지의 여정을 꾸준함으로 채웠다. 그 결과, 이렇게 '나'라는 사람으로 우뚝 서게 됐다. 때로는 좌절이 찾아왔지만, 루틴을 통해 다시 일어섰다. 루틴이 만든 결과물이 내 삶을 빛낸다. 나만의 루틴은 하루하루를 단단히 쌓아 올리는 벽돌이다. 작지만 꾸준히 실천할만한 루틴을 세워보기를. 나도 해냈으니 누구든 할 수 있다. 목표가 작아도 좋고, 속도가 느려도 괜찮다. 중요한 건 지속하는 힘이다. 인생을 바꾸는 첫걸음. 루틴을 세우는 것에서부터 시작된다.

양기웅 | 도전 갓생러 | 육군 대위 (육군사관학교)

삶이란 것에 정해진 틀이 있다고 생각했다. 대학을 가고, 직장을 가지면 모든 것이 해피 엔딩일 줄 알았다. 하지만 '타인이 부여한 삶'에서 나는 권태롭게 시들고 있었다. 내 삶을 주도하고 싶었다. 그래서 도전을 시작했다. 수많은 도전이 있었고, 그 뒤를 수많은 실패가 따랐다. 하지만 많은 실패 속, 삶이 흘러가는 속도가 달라졌다. 나는 대단한 사람이 아니다. 하지만 멈추지 않는 사람이다! 멈춰봤기에 움직이는 법을 알았고 움직이기에 꽃피우는 사람이다! 나의 실패 극복기를 이 책에 담았다. 삶이 반복되는 일상, 스트레스, 지루함뿐이라고 느껴진다면 도전

(Challenge)하자! 변화(Change)할 것이다!

김동원 | 관점독서 갓생러 | (예)육군 병장

나는 책을 굉장히 싫어했던 사람이었다. 그런데 군대를 기점으로 '독서'를 시작하게 되었고, 책을 통해 나의 '사고'를 바꿀 수 있었다. '사고'가 변하자 '행동'이 달라졌고, '행동'이 달라지니 '삶'이 변하기 시작했다. 군대에서 시작한 '독서'로 인해, 군 생활뿐 아니라 전역 후의 삶에서도 놀라운 일들을 경험하고 있다. 이 책 안에는 군대에서 갓생을 살아온 저자들(10명)의 '사고'가 담겨 있다. 앞으로 이 책이 대한민국 군대와 많은 독자들에게 얼마나 놀랍고 선한 영향력을 미치게 될지 기대된다.

최영신 | 기록 갓생러 | 육군 소령 (간부사관)

나는 특별한 사람도 아니고, 뛰어난 환경에서 시작하지도 않았다. 평범한 고졸 군인으로 시작한 내 삶은 때로는 멈춰 서고, 때로는 돌아가야 했으며, 그 과정에서 수많은 좌절과 시행착오를 겪었다. 하지만 그 모든 순간을 이겨내게 한 힘은 바로 '기록'이다. 기록은 나를 더 나아가게 했고, 내가 지나온 길을 돌아보게 했으며, 무엇보다도 내가 어디로 가야 하는지 알려주는 나침반이었다. 기록 속에서 나는 나 자신을 만나고, 나만의 이야기를 완성할 수 있었다. 이 책을 통해 기록은 단순한 글쓰기나 정보를 남기는 행위가 아니라, 우리의 유한한 시간 속에서 삶을 온전히 살아가는 방법이라는 것을 전하고 싶다. 우리는 모두 완벽하지 않지만, 작은 기록들이 모여 우리의 삶을 예술로 바꿀 수 있다고 믿는다. 기록은 우리의 흔적을 남기는 것이자, 우리 스스로를 발견하고 완성하는 과정이다. 특별한 환경이나 조건은 필요 없다. 단지 마음을 다해 한 줄, 한 페이지를 기록하며 스스로를 믿어주기만 하면 된다. 나의 평범한 이야기가 당신에게 용기가 되기를, 그리고 당신의 삶 역시 기록으로 완성되기를 진심으로 바란다. 기록으로 삶을 완성합니다. 그리고 당신이 쓰는 이야기는 이미 그 자체로 빛나고 있습니다.

함현찬 ㅣ아이디어 갓생러 ㅣ육군 대위 (학군사관)

2년 연속으로 군 창업경진대회부터 범부처대회까지 경험해봤다. 많은 사람들이 창업을 도전하는 과정도 지켜봤다. 그들은 처음부터 잘난 사람이 아니다. 오로지 본인의 아이디어에 확신을 가지고 조금씩 발전해나가고 있었다. 초반부터 완벽한 스타트업은 없다. 군대에서 창업하는 게 더 쉽다. 아이디어와 열정만 있으면 된다. 나이, 사회경험, 돈 모두 부족해도 상관없다. 능력은 대회별 발표로 채워지고, 경험은 멘토링으로 보완하고, 자금은 지원금과 투자로 충당할 수 있다. 군대에서 창업경진대회를 참가하면 1년에 가까운 시간 동안 수 많은 도움을 받는다. 스스로 움직이는 사람은 그 기간 동안 크게 성장할 수 있다. 그러면서 성공한 스타트업의 CEO가 되는 것이라고 믿는다. 당신도 할 수 있다. 세상엔 안 되는 건 없다.

황윤상 | 열정 갓생러 | 육군 상사 (부사관학교)

어느 날 밤, 나는 불꽃을 바라보았다. 거센 바람이 불어와도, 한순간 격렬하게 타올랐다가 사그라지는 불꽃. 그러나 그 안에 남은 작은 잔불. 우리들의 청춘도 그러하다. 불꽃처럼 뜨겁게 타오르지만, 때론 거센 현실 앞에서 흔들리고 사그라지는 순간이 온다. 그러나 완전히 꺼지는 법은 없다. 잔불처럼 희미하게라도 남아있다. 우리는 수많은 도전 속에서 불꽃을 피웠고, 실패를 거듭하며 재가 되기도 했다. 그러나 시간이 지나 돌아보면, 결국 우리가 지켜온 것은 불꽃 그 자체가 아니라, 그 불꽃을 피워내는 열정이었다. 불꽃은 순간이지만, 열정은 남는다. 청춘이 지나도, 실패를 경험해도, 잔불이 남아있다면 언제든 다시 타오를 수 있다. 그러니 지금 당신 안의 작은 불씨를 지켜보길. 그 불씨는 언젠가 다시금 뜨거운 불꽃이 되어, 길을 밝히게 될 테니까.

고유동 | 글쓰기 갓생러 | (예)육군 중령 (육군사관학교)

당신의 삶은 그 누구의 것도 아닌, 당신의 것이다. 오직 하나뿐인 삶을 위해 이제는 실천할 때다. 책상 앞에 가만히 앉아서 글을 쓰는 행위 하나로 삶은 확연하게 달라진다. 내가 그러했듯이, 당신 또한 극적인 변화를 경험하기를 진심으로 바란다.